资助项目：西华大学校内人才引进项目（项目编号：w24

经管文库 · 管理类

前沿 · 学术 · 经典

货币政策对企业并购商誉的 影响机制与经济后果研究

RESEARCH ON THE INFLUENCE MECHANISM AND
CONSEQUENCES OF MONETARY POLICY ON
CORPORATE M&A GOODWILL

杨 曾 著

经济管理出版社

ECONOMY & MANAGEMENT PUBLISHING HOUSE

图书在版编目（CIP）数据

货币政策对企业并购商誉的影响机制与经济后果研究 / 杨曾著. -- 北京：经济管理出版社，2024. -- ISBN 978-7-5096-9851-8

Ⅰ．F279.2

中国国家版本馆 CIP 数据核字第 202406X4V4 号

组稿编辑：白 夐
责任编辑：白 夐
责任印制：许 艳
责任校对：王淑珍

出版发行：经济管理出版社
　　　　　（北京市海淀区北蜂窝 8 号中雅大厦 A 座 11 层　100038）
网　　　址：www.E-mp.com.cn
电　　　话：(010) 51915602
印　　　刷：唐山三诚印务有限公司
经　　　销：新华书店
开　　　本：720mm×1000mm/16
印　　　张：12.5
字　　　数：205 千字
版　　　次：2024 年 10 月第 1 版　　2024 年 10 月第 1 次印刷
书　　　号：ISBN 978-7-5096-9851-8
定　　　价：98.00 元

序

　　近年来，在我国过度繁荣的并购交易市场下，不断增加的企业并购商誉引发了一系列大额商誉减值风险事件，从有效防范化解金融风险出发，需要实务界和理论界对并购商誉金额确认的影响因素进行必要关注和深入研究。

　　本书基于我国现实背景和理论背景，利用货币政策和企业并购商誉等相关数据，以并购商誉理论、货币政策传导机制理论、代理理论、资源依赖理论等相关理论为基础，试图从我国宏观环境下的并购市场异象和当前理论文献研究缺陷出发，研究货币政策对企业并购商誉的影响效果和作用机制，并基于区域金融发展、行业竞争程度、企业代理成本和金融背景高管四个维度研究环境异质性背景下货币政策对并购商誉的影响差异，同时全面考察宽松货币政策下的并购商誉对企业经营活动、融资活动和投资活动的影响及作用机制，本书分七章内容对上述问题进行了系统深入的研究。

　　本书的研究结果具有一定的理论意义和现实意义。从理论意义角度来看，首先，拓展和深化了商誉确认影响因素的研究；其次，拓展和深化了从宏观到微观作用机制的相关理论研究；最后，拓展和深化了商誉经济后果的研究。从现实意义角度来看，相关研究结果有助于提升货币政策制定和实施的精准性及有效性，建设更加公平、公正、有效的并购交易市场，改善企业并购投资决策的绩效，这些都将对政府、社会和企业等各方面产生积极正面的影响。

　　本书字数超二十万字，由笔者独立撰写完成。本书得到了西华大学校内人才引进项目（项目编号：w2420139）的资金支持。此外，在编写过程中还得到了其他各方的支持、指导和帮助，在此表示由衷的感谢！由于笔者水平有限，书中难免存在疏漏与不足之处，恳请广大读者批评指正。

杨　曾

2024 年 5 月

前　言

　　伴随着中国特色社会主义进入新时代，经济发展也从高速增长阶段转向高质量发展阶段。高质量的经济发展就必然要求转变发展方式、优化经济结构和转换增长动力，企业作为经济发展中的重要参与方，需要不断去适应和满足当前经济发展的高质量要求。在这一背景下，企业实施并购重组活动将有助于实现自身经营发展方式的优化升级，实现资源优化配置并获得可持续的发展能力。

　　商誉是并购重组交易的重要产物，现行准则将其定义为非同一控制下的企业合并中，购买方合并成本大于取得的被购买方可辨认净资产公允价值份额的差额。近年来，资本市场并购重组交易愈演愈烈，企业并购商誉金额也屡创新高，中国经济金融研究数据库（CSMAR）显示，并购商等净值从2007年的376亿元增长至2020年的12223亿元。但层出不穷的计提商誉大额减值事件和证监会的商誉相关风险提示表明，实务中存在商誉确认被"过度夸大"的问题，难以客观体现"给企业带来未来超额盈利能力"的本质（杜兴强等，2011）。

　　研究并购商誉的确认问题已然成为辨析和解决上述问题及风险的核心。对于商誉确认影响因素，既有文献主要从经济周期（周泽将等，2021）、市场结构和制度特征（Slusky 和 Caves，1991；谢纪刚和张秋生，2013；孙诗璐等，2021；田园和高利芳，2021）、行业同伴效应（傅超等，2015）、企业特征（Sirower，1997）、高管过度自信（李丹蒙等，2018）等方面进行研究，较少从宏观货币政策环境方面来研究并购商誉确认的影响因素。事实上，宏观货币政策的变化能对并购交易市场产生较强的影响，如 2014～2015 年，我国中央银行的连续降准降息使资本市场的并购重组交易也日渐活跃，统计数据显示，2013～2016 年，我国上市公司并购重组交易金额年均增长率约为41.14%。同时，并购交易形成的商誉金额也在不断增长，2016 年，我国上市公司并购商誉规模首次突破了 1 万亿元。

同时，相关文献对于并购商誉经济后果的研究虽然较为广泛，但主要集中在经营业绩角度（Chauvin 和 Hirschey，1994；Chen 等，2008；郑海英等，2014；魏志华和朱彩云，2019）。商誉经济后果相关文献较少从企业经营风险、融资约束和投资效率等方面来进行综合系统的研究。

基于上述现实背景和理论背景，本书选取 2008～2020 年货币政策和企业并购商誉等相关数据，研究货币政策对企业并购商誉的影响效果和作用机制，探讨环境异质性背景下货币政策对并购商誉的影响差异，揭示了宽松货币政策下并购商誉对不同主体和经济活动的影响及作用机制。

首先，通过研究货币政策对企业并购商誉的影响效果和作用机制，本书发现：一方面，货币政策越宽松，企业商誉规模越大；另一方面，结构性货币政策会减弱宽松货币政策对企业并购商誉的提升作用。在采用替换变量检验、公司层面聚类分析、民营企业样本检验、工具变量法及去除年份固定效应对相关结果进行稳健性测试后，相关结果依然符合预期，说明所得结果具有稳健性。在拓展性分析中进一步发现：①货币政策通过企业信贷渠道和企业风险承担水平来影响企业并购商誉。②宽松的货币政策不仅会使企业并购商誉规模增大，还会加快企业并购商誉增速，提高企业异常超额商誉规模。③制定结构性货币政策时需要考虑政策适用对象的异质性特征，以此来提升货币政策的精准性和有效性。

其次，基于四个层面的环境异质性因素研究货币政策对企业并购商誉的影响差异，研究发现：①区域金融水平越高，宽松货币政策对企业并购商誉的提升作用就越强。这表明，地区金融发展能够有效提高资金在内的金融资源使用配置效率，进而进一步增强了宽松货币政策对企业并购商誉的影响。②行业竞争程度越高，宽松货币政策对企业并购商誉的提升作用就越强。这表明，高程度的行业竞争会使行业内的企业更有意愿借助宽松货币政策所带来的充裕资金和更高的风险承担能力来投资商誉金额更大的并购项目，以此来获取更高的超额收益。③企业代理成本越高，宽松货币政策对企业并购商誉的提升作用就越强。这表明，企业高管会为了自身私利而更加充分地利用宽松货币政策所带来的资金资源，投资更多的高商誉并购项目。④企业中金融背景高管越多，宽松货币政策对企业并购商誉的提升作用就越强。这表明，金融背景高管将有助于企业在投资并购项目时获取更充分的并购信贷资金以及提高企业化解投资失败风险的能力。在采用替换变量检验、公司层面聚类分析、民营企业样本检验、工具变量法及去除年份固定效应对相关结果进行稳健性测试后，相关主要结果仍符合预期，说明研究结果具有稳健性。

最后，通过考察宽松货币政策下的并购商誉对企业经营活动、融资活动和投资活动的影响及作用机制，本书发现：①货币政策越宽松，并购商誉会进一步提高企业的经营风险。企业并购商誉的增长会降低企业盈利能力，导致企业后期经营发展所需的资源缺乏，进而增加了企业的经营风险，而宽松的货币政策会强化这一影响。②货币政策越宽松，并购商誉会进一步加大企业的融资约束。宽松的货币政策将导致企业财务杠杆扩大和商誉规模过快增长、财务风险逐步累积，这些财务指标和风险的非合理状况将制约企业后续的外源融资需求，使企业面临融资约束困境。③货币政策越宽松，并购商誉会进一步降低企业的投资效率。在货币政策更加宽松的条件下，企业并购商誉规模的快速增长将持续挤占对包括研发投资在内的其他类型投资活动的可用资源，从而使企业整体投资不足且投资效率下降。在采用替换变量检验、公司层面聚类分析、民营企业样本检验、工具变量法及去除年份固定效应对相关结果进行稳健性测试后，相关主要结果依然符合预期，说明研究结果具有一定的稳健性。进一步的作用机制检验发现：第一，企业并购商誉的增长将降低企业盈利能力进而提高企业的经营风险，而宽松货币政策会强化这一影响。第二，企业并购商誉的增长将提高企业财务杠杆水平进而加大企业的融资约束，而宽松货币政策会强化这一影响。第三，企业并购商誉的增长将减少企业研发投资进而降低企业整体投资效率，而宽松货币政策会强化这一影响。在探讨货币政策下企业并购商誉风险的内外部环境治理方式之后发现，从外部治理方式角度来看，高水平的地区市场化程度将有助于缓解宽松货币政策对企业并购商誉的提升作用，从而对治理并购商誉风险产生积极影响；从内部治理方式角度来看，引入更多的机构投资者将有助于缓解宽松货币政策对企业并购商誉的提升作用，从而也能够对治理并购商誉风险产生积极影响。

本书可能的研究创新为：

首先，拓展和深化了商誉确认影响因素的研究。不同于以往相关文献所得到的影响因素，如经济周期、市场结构、制度特征、行业同伴效应、企业特征和高管过度自信等，本书认为，货币政策也是影响企业并购商誉确认的一个重要因素。宽松货币政策对于企业并购商誉的提升作用也在本书的实证检验和现实情境下得到了确认。一方面，实证分析发现，宽松货币政策通过提高企业并购资金信贷规模和企业风险承担水平助推企业并购商誉的增长；另一方面，在现实情境下，货币政策宽松时期的实际并购交易规模和实际并购商誉规模都出现了较大幅度的增长。

其次，拓展和深化了从宏观到微观作用机制的相关理论研究。本书基于货币政策传导机制等相关理论来系统阐释货币政策对企业并购商誉的影响过程，以往文献仅局限于探讨货币政策对并购数量、并购支付方式、并购概率、并购方式和并购绩效等的影响。本书的研究也表明，宏观政策的有效性会受到来自区域、行业、企业、个人等多层面因素的影响，因此本书的研究发现也有助于构建一个影响宏微观作用效果相关因素的多层次分析框架。

最后，拓展和深化了商誉经济后果的研究。本书对宽松货币政策下商誉经济后果的研究基于一个系统性分析框架，从企业经营活动、融资活动和投资活动三大方面（经营风险、融资约束和投资效率）来考察商誉经济后果。现有文献主要研究经营业绩，而较少涉及其他方面。本书在分析并购商誉对投资效率的影响时，尝试从有限的资金资源被并购交易过度挤占的视角来阐释商誉造成企业投资不足的原因，这有别于传统经典理论所认为的，即企业投资不足主要源于资金供求双方信息不对称，从而使企业遭遇融资约束，进而丧失投资机会，因此在理论层面具有一定的创新价值。

目　录

第1章　绪论

1.1　研究背景与研究意义

1.1.1　研究背景

并购重组活动能促进公司综合实力的提升，也能实现行业资源优化配置，推动产业结构转型升级，这对助力我国经济实现发展方式转变、经济结构优化和高质量发展等都具有积极意义。

近年来，资本市场上市公司的并购重组交易越来越多。从中国证监会公布的数据来看，按全市场口径统计，2013 年上市公司并购重组交易金额为 8892 亿元，到 2017 年已经增至 1.87 万亿元，年均增长 20.42%。同时，2017 年之后，政府也相继出台了一系列有利于上市公司在并购重组交易中降低交易时间成本、优化交易融资的相关政策文件，这在一定程度上反映出政府对不断完善并购重组交易的持续关注和不懈支持，也使我国并购重组交易一直保持着较高的活跃度。比如，自 2018 年 11 月启动注册制改革试点后，我国资本市场迎来了新发展机遇，这也带动了并购交易市场的繁荣。根据普华永道发表的《2020 年中国企业并购市场回顾与 2021 年前瞻》相关数据，我国并购交易 2020 年的交易金额为 7338 亿美元，同比增长约 30%，并购交易数量也同比增长 11%，其中，交易金额是 2016 年以来的最高水平。

商誉是并购重组交易的重要"副产品"，《企业会计准则（2006）》中首次将其作为单独的会计核算科目予以列报披露，根据该准则，商誉可定义为：非同一控制企业合并中，购买方合并成本大于取得的被购买方可辨认净资产公允价值份额的差额。由于并购商誉在理论上体现了企业未来"超额盈利能力"的本质属性，因此商誉信息的发布往往能在短期内获得正面的市场反应。伴随着近些年资本市场上并购重组交易的火爆，现实背景下的企业并购商誉呈现出以下三个特征：

其一，并购商誉的账面净额高，年均增速较快。根据 Wind 数据，上市公司商誉净额已从 2007 年的 376 亿元迅速扩大至 2020 年的 1.2 万亿元，并且近几年也基本一直维持在万亿元规模的水平。其中，2014～2016 年，商誉增长达到高峰，其同比增速分别为 55%、96% 和 61%。

其二，上市公司近年来计提大额商誉减值不断发生，计提公司数量和减值金额逐年增长。2007～2017 年，三大板块上市公司（主板、中小板、创业板）商誉减值的公司数量不断增长，至 2017 年达到高峰，分别为 189 家、168 家、132 家。2007～2017 年的商誉减值金额也从 31.11 亿元增长到 363.39 亿元，年均增长 27.86%。据东方财富网站统计，上市公司在 2019 年 1 月底集中业绩预告期间，有超过 200 家上市公司披露由于计提了大额商誉减值从而导致公司业绩下滑，其中，79 家上市公司预亏金额甚至将近 10 亿元。此外，证监会在 2018 年 11 月发布了《会计监管风险提示第 8 号——商誉减值》，要求强化商誉减值的会计监管，这显示出当前上市公司在商誉减值的确认、计量、披露等方面存在一定问题和风险。

其三，商誉在确认计量和信息披露等方面存在不充分和透明度低的问题。在实务中，并购企业、会计师事务所、资产评估机构等主体对商誉关键要素（如交易价格、评估价值、可辨认净资产公允价值等）的确认和披露存在主观差错、能力缺位和暗箱操作等问题。证监会在监管报告中揭示了部分上市公司确认的虚高商誉金额甚至占交易对价的近 90%，这也直接导致了近年来层出不穷的后续大额商誉减值事件。

当前我国商誉所呈现出的特征表明，屡创新高的并购商誉金额被过度夸大，并且脱离了其客观反映"给企业带来未来超额盈利能力"的本质属性，反而成为容纳各种复杂因素的"计价容器"，积聚成为并购风险"蓄水池"。

研究并购商誉的确认问题已然成为辨析和解决上述问题及风险的核心。已有文献主要从经济周期、市场结构和制度特征等方面进行研究，较少从宏观环境方面来研究货币政策对并购商誉确认的影响。但在现实情境下，宏观货币政策的变化能对并购交易市场产生较强的影响。自 2008 年国际金融危机以来，配合积极的财政政策，我国货币政策经历了从适度宽松到稳健的过渡，总体呈现适度宽松的特点。综合饶品贵和姜国华（2013）、许光建和吴珊（2015）、杨兴全和尹兴强（2017）等的观点，我国自 2008 年以来的货币政策可大致概括为三个阶段：2008～2009 年应对全球金融危机阶段、2010～2013 年应对国内通胀阶段、2014 年以来应对经济下行阶段。其中，2014～2015 年央行连续降准降息，与此同时，伴随着 2014 年开始连续降准降息后所呈现的逐步宽松的宏观货币政策环境，资本市场的并购重组交易也日渐活跃。统计数据显示，我国上市公司并购重组交易金额在 2013～2016 年的年均增长率约为 41.14%，2016 年末达到 2.39 万亿元，居全球第二。伴随着宽松货币政策环境下并购交易的火热，商誉金额也节节攀升。林勇峰等（2017）指出，商誉净额从 2014 年开始节节攀升，从 2013 年末的 2111 亿元迅速增长至 2015 年末的 6427 亿元，截至 2016 年第三季度末，上市公司账面商誉额已逼近万亿元，达 9864 亿元，而商誉占净资产比值也从 2013 年末的 1% 左右迅速攀升至超 3%。

学术界对于并购商誉经济后果的研究虽然较为广泛，但主要集中在经营业绩角度（Chauvin 和 Hirschey，1994；Chen 等，2008；郑海英等，2014；魏志华和朱彩云，2019），主要观点是商誉对企业长期业绩具有负面影响。此外，学者们还从企业利益相关者、市场反应和企业投资决策等视角来考察商誉经济后果，包括市场投资者和分析师调低对公司价值的判断（Li 等，2011）、审计师提高审计费用（郑春美和李晓，2018；蒋尧明和杨李娟，2020）、债权人制定更高的贷款利率（徐经长等，2017）、资本市场中企业短期股价提升（Jennings 等，2001）、增加上市公司股价崩盘风险（王文姣等，2017）、减少企业创新投入（朱莲美和杨以诺，2020）、减少企业社会责任投入（叶苗苗等，2020）等方面。商誉经济后果相关研究虽然涉及企业经营、融资和投资三大活动领域，但是在企业经营活动视角下只重点研究了商誉对经营业绩的影响，较少涉及企业经营风险；在融资活动视角下着重考察了企业债务融资成本，缺乏对商誉所引发的债务融资成本提升后是否会造成企业融资约束的进一步研究；在投资活动视角下集中研究了商誉对企业后续投资方向和投资规模的影响，较少考察企业的投资效率。在企业适应宏观经济发展的高质量要求和实现转型升级过程中，经营风险、融资约束和投资效率都是重要影响因素。从企业经营风险、融资约束和投资效率方面来系统考察商誉经济后果不仅有助于更加全面深入地揭示并购商誉对于企业经营、融资和投资三个方面企业活动的影响，还有助于对企业并购实务中的项目定价等提供有益指导。

综上所述，本书基于2008～2020年货币政策和企业并购商誉等相关数据，试图从宏观环境下的并购市场异象和当前理论研究缺陷出发，首先，重点分析货币政策对企业并购商誉的影响效果和作用机制；其次，重点基于区域金融发展、行业竞争程度、企业代理成本和金融背景高管四个维度研究环境异质性背景下货币政策对并购商誉的影响差异；最后，全面考察货币政策下的并购商誉对企业经营、融资和投资活动的影响（即带来的经济后果）及作用机制。

1.1.2 研究意义

本书的理论意义在于：

第一，拓展和深化了对于并购商誉内涵的认识。已有研究从多方面认识并购商誉的本质属性，国外相关理论主要有超额收益理论（Leake，1914）、总计价账户理论（Canning，1929）、协同效应理论（Miller，1973）、三元理论（Hendriksen，1982）等，我国学者则提出了"要素观""超额利润观""剩余价值观（差额观）"三大代表性观点（葛家澍和杜兴强，2007）。这其中，商誉的"超额收益观"得到了普遍接受（傅超等，2016），但结合近些年并购商誉不断被计提大额减值和并购过程中高管频频进行套利交易的乱象，本书认为，实务中并购商誉已经难以真正客观公允地体现给企业未来带来

"超额收益"的本质属性，商誉初始确认阶段会受到其他因素的干扰，而本书第 6 章发现，并购商誉给企业后续造成了多方面负面经济后果，这也一定程度上证实了实务中商誉所存在的脱离其本质属性的问题。此外，本书第 5 章的相关结果也表明，诸如企业管理层的代理问题会影响商誉金额的确认，这与杜兴强等（2011）的发现是一致的。

第二，扩展和深化了宏观货币政策经济后果的研究。当前关于宏观货币政策对企业投资影响的研究主要考察了投资效率（韩东平和张鹏，2015）、投资规模（杨兴全和尹兴强，2017）、资产价格预期（张成思和计兴辰，2019）等方面，进一步考察投资活动下的并购活动时，相关文献则主要从货币政策对并购数量（唐绍祥，2007）、并购支付方式（刘淑莲等，2012）、并购概率（Uddin 和 Boateng，2011）、并购方式（徐虹等，2016）和并购绩效（徐雨婧和胡珺，2019）的影响等方面进行考察。总体来看，研究货币政策对企业并购商誉的相关文献还较少，本书的研究结果是对该领域的扩展和深化。

第三，扩展和深化了商誉确认影响因素和经济后果的相关研究。一方面，本书从宏观货币政策角度以及基于四个维度的环境异质性视角系统探讨其对微观企业并购商誉的影响，是对宏、微观研究和商誉确认影响因素相关文献的有益补充；另一方面，已有文献对于并购商誉经济后果的研究虽然较为广泛，但主要集中在经营业绩角度（Chauvin 和 Hirschey，1994；Chen 等，2008；郑海英等，2014；魏志华和朱彩云，2019），较少从企业经营风险、融资约束和投资效率等方面来进行研究。本书对宽松货币政策下商誉经济后果的研究基于一个系统性分析框架，研究发现是对商誉经济后果相关研究的深入和拓展。

本书研究的现实意义在于：

第一，本书研究了商誉确认影响因素中的货币政策，这在一定程度上揭开了实务中商誉确认的"黑箱"。有助于提醒和引导监管机构关注宏观货币政策制定对微观企业异常并购行为的影响，缓解并购商誉风险，化解当前高额商誉所积蓄的隐性金融风险。

第二，有助于不断完善商誉确认、信息披露等相关制度制定，提高会计信息的价值相关性和决策有用性。正如，2018 年 11 月证监会发布的《会计监管风险提示第 8 号——商誉减值》所指出的，并购商誉在确认过程中存在信息披露不透明、计量误差、相关评估机构履职能力欠缺等问题，这都使商誉成为一个可操作性极强的会计科目，严重背离了商誉"超额收益"的本质属性。因此，在当前需要利用并购重组活动实现经济转型升级的大背景下，需要不断完善原有商誉确认、计量、披露等相关制度规定，提升会计信息作为市场经济下通用语言的相关性和有用性。

第三，本书在相关章节的拓展性分析中对商誉风险管控治理的探讨（第4章提出，制定结构性货币政策时需要考虑政策适用对象的异质性特征；第7章提出，着力建设一个交易更加规范、定价更加客观公允、资源配置更加合理、政府对市场监管更加到位的高水平的市场化并购交易环境，引入更多机构投资者参与公司治理等），有助于从企业内外部建立完善相关监管机制来化解当前的并购商誉风险，提升经济发展的安全性和可持续性。

1.2 研究思路和研究内容

1.2.1 研究思路

本书以并购商誉理论、货币政策传导机制理论、代理理论、资源依赖理论等为基础，结合我国并购商誉及其风险不断增加的现实背景，探讨宏观货币政策对微观企业并购商誉的影响及作用机制，试图揭开实务中并购商誉确认的影响因素这一"黑箱"。具体而言，主要回答以下三个方面的问题：货币政策对企业并购商誉的影响效果和作用机制；不同环境下货币政策对企业并购商誉的影响是否具有差异性；宽松货币政策下的并购商誉将对企业经营、融资和投资活动会产生何种影响以及如何产生影响。

本书的研究思路如图1-1所示。首先，从理论层面系统梳理和总结关于并购商誉本质特征、货币政策经济后果、并购商誉影响因素及经济后果等相关研究的现状和存在的不足。其次，考察当前现实背景下货币政策和并购商誉的相关制度发展和并购市场现状特征，旨在进一步分析货币政策背景下并购交易和并购商誉的变化规律及产生的问题和风险，为接下来的实证研究提供现实依据。再次，运用实证检验工具依次研究货币政策对并购商誉的影响效果和机制、异质性视角下货币政策对并购商誉的影响差异、宽松货币政策下企业并购商誉的经济后果，从而系统全面把握货币政策与并购商誉之间的关系。最后，从防范化解重大金融风险的角度出发，基于货币政策制定、企业内外部治理方式等角度出发提出相关监管建议，为实务中有效管控大额商誉风险提供支持。

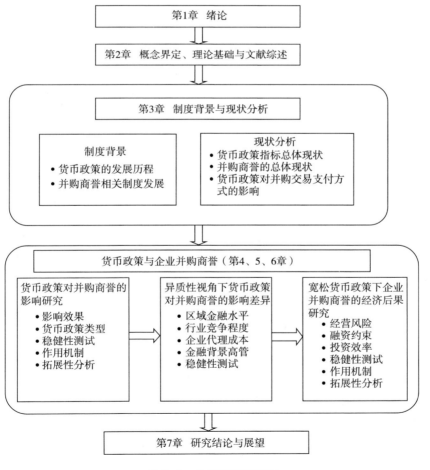

图 1-1 本书的研究思路

1.2.2 研究内容

根据上述研究思路，本书基于并购商誉理论、货币政策传导机制理论、代理理论、资源依赖理论等相关理论，选择 2008~2020 年沪深 A 股非金融类上市公司为研究样本，研究货币政策对企业并购商誉的影响效果和作用机制；从区域金融发展、行业竞争程度、企业代理成本和金融背景高管四个层面研究环境异质性背景下货币政策对并购商誉的影响差异；进一步分析宽松货币政策下的并购商誉对企业经营风险、融资约束和投资效率的影响及作用机制。全书共 7 章内容，各章的具体内容如下：

第 1 章是绪论。首先从理论和现实两个方面来引出本书的研究背景，并总结出本书的研究意义。其次介绍本书的研究思路和研究的具体内容、研究所运用的具体方法。最后对本书的研究创新和不足进行归纳阐释。

第 2 章是概念界定、理论基础与文献综述。主要对本书的主要研究对象、研究所依据的相关理论，如并购商誉理论、货币政策传导机制理论、代理理论和资源依赖理论等进行梳理阐述，并对并购商誉本质特征、货币政策经济后果、并购商誉影响因素及经济后果等相关文献进行归纳和述评，旨在掌握相关研究发展脉络与可以进一步深化的研究方向，从而引出本书的研究内容。

第 3 章是制度背景与现状分析。本书计划从制度背景和现状分析两个方面对我国货币政策发展及现状、并购商誉相关制度发展及现状、货币政策对并购交易支付方式的影响等进行总结。其中，在制度背景部分，主要从货币政策工具和调控的发展历程、并购商誉相关制度发展等方面来具体分析阐释；在现状分析部分，主要从货币政策重要指标总体现状、上市公司并购商誉规模和分布的特征状况、我国货币政策对并购交易支付方式的影响等方面进行具体总结和分析。

第 4 章是货币政策对企业并购商誉的影响研究。该章主要分析货币政策对企业并购商誉的影响效果和作用机制，同时采用了一系列稳健性测试方法来对相关研究结果进行检验。之后进一步研究了货币政策背景下企业并购商誉增速、异常超额商誉等细分内容，从企业特征视角对结构性货币政策的有效性进行了探讨。

第 5 章是异质性视角下货币政策对企业并购商誉的影响差异研究。本章将企业所面临的内外部环境划分为地区层面、行业层面、企业层面和个人层面四个维度，选取了地区层面的区域金融水平、行业层面的行业竞争程度、企业层面的企业代理成本和个人层面的金融背景高管四个层面的环境异质性因素来进一步分析货币政策对企业并购商誉的影响差异。

第 6 章是宽松货币政策下企业并购商誉的经济后果研究。本章全面考察宽松货币政策下的并购商誉对企业经营、融资和投资活动的经济影响，分别选择了经营风险、融资约束和投资效率指标来进行效果和作用机制检验，并采用一系列稳健性测试方法来对相关研究结果进行稳健性测试，试图从企业内外部环境角度寻找化解高额并购商誉风险的方法。

第 7 章是研究结论与展望。本章全面总结本书的研究发现及启示，以防范化解重大金融风险为目的，提出通过制定更加精准的货币政策、提高地区市场化程度来建设一个交易更加规范、定价更加客观公允、资源配置更加合理、政府对市场监管更加到位的高水平的市场化并购交易环境，引入机构投资者来加强对企业高管的监督制约等相关建议，为实务中有效管控大额商誉风险提供有价值的解决方案。

1.3　研究方法

本书在研究方法上将结合规范研究方法和实证研究方法，对货币政策、企业并购商誉及二者之间的关系进行多种方式的定性和定量分析。具体如下：

首先，在概念界定、理论基础与文献综述章节，采用规范研究方法，对国内外货币政策与企业并购商誉的相关文献进行述评，并对本书所采用的相关理论进行定性分析、归纳总结，同时对涉及的相关主要专有概念进行界定，从而为后续逻辑假设的提出建立起文献和理论依据。

其次，在制度背景与现状分析章节，对货币政策的发展和商誉相关制度的发展等进行定性总结分析，以便更深入认识政策制度的变迁和发展趋势。

对于货币政策的变化、并购商誉的变化和分布、并购交易支付方式的变化和分布的分析则采用定量研究方法，利用相关数据资料整理分析得出数据背后所蕴含的变化规律和特征。

最后，在第4、5、6章的三个实证分析章节中，主要采用多种实证分析手段来定量研究货币政策对企业并购商誉的影响效果、影响差异、作用机制和货币政策下企业并购商誉的经济后果等内容。实证研究方法包括对变量的描述性统计、相关性分析、多元回归分析等，在稳健性测试部分和机制检测部分则运用了聚类回归、方法变量法、引入中介变量的逐步回归法等实证方法来加强和拓展相关研究结论。

1.4 研究创新与研究不足

1.4.1 研究创新

本书从近年来我国过度繁荣的并购交易市场下，不断增加的企业并购商誉引发的一系列大额商誉减值风险事件出发，认为对并购商誉金额确认影响因素进行研究具有必要性和重要性。结合相关文献和理论，重点分析了宏观货币政策对企业并购商誉的影响效果和作用机制，并从区域金融发展、行业竞争程度、企业代理成本和金融背景高管四个维度研究货币政策对企业并购商誉影响的调节作用，之后又从经营风险、融资约束和投资效率等角度对货币政策下企业并购商誉的经济后果进行了较为系统的研究。本书的研究有助于打开我国企业并购商誉确认这一"黑箱"，并更深入地了解在货币政策等宏观经济因素影响下不断增大的并购商誉规模会对企业后续各项经营发展活动产生的影响。这些结论对于全面客观认识现实中的商誉特征和更有效管控商誉相关风险具有较高的理论和现实价值。本书可能的研究创新为：

首先，从并购商誉确认影响因素来看，不同于以往相关研究所得到的影响因素，即经济周期、市场结构和制度特征、行业同伴效应、企业特征和高管过度自信等，本书认为，货币政策也是影响企业并购商誉确认的一个重要因素，这是对并购商誉确认影响因素相关研究的拓展和深化。宽松货币政策对于企业并购商誉的提升作用也在本书中得到了证实。一方面，实证分析发现，宽松货币政策通过提高企业并购资金信贷规模和企业风险承担水平助推企业并购商誉的增加。另一方面，宽松货币政策时期现实中的并购交易规模和并购商誉规模都出现了较大幅度增长。

其次，从货币政策的作用机制来看，一方面，本书基于货币政策传导机制等相关理论来系统阐释货币政策对企业并购商誉的影响过程，丰富了货币政策对企业并购影响的相关研究，以往文献仅局限于并购数量、并购支付方式、并购概率、并购方式和并购绩效等方面。另一方面，运用货币政策传导机制等相关理论来分析货币政策对微观企业并购的影响，这是对作用机制研究的深化。同时，本书的研究也表明，宏观政策的有效性会受到来自区域、行业、企业、个人等多层面因素的影响，因此本书的研究发现也有助于构建一个影响宏微观作用效果因素的多层次分析框架。

最后，从并购商誉经济后果角度来看，本书对宽松货币政策下商誉经济后果的研究基于一个系统性分析框架，这是对当前商誉经济后果研究的一次创新，因为现有文献主要研究经营业绩，而较少涉及其他方面。本书在分析并购商誉对投资效率的影响时，从有限的资金资源被并购交易过度挤占视角来阐释商誉造成企业投资不足的原因，在理论层面具有一定的创新价值。

1.4.2　研究不足

本书主要研究了货币政策对企业并购商誉的影响效果、作用机制和经济影响，虽然构建了较为完整的从商誉初始确认影响因素到商誉存续阶段经济后果的系统性研究框架，并取得了一些研究成果，但在研究理论、研究设计和研究内容方面仍然存在不足。

在研究理论方面，本书选取的理论数量较为有限，忽略了一些金融经济学其他经典理论对于本书的研究主题的理论解释效力。本书主要以并购商誉理论、货币政策传导机制理论、代理理论、资源依赖理论等相关理论为基础来对本书的研究主题进行阐释分析，其中，着重运用货币政策传导机制理论来解释和检验货币政策对企业并购商誉的影响效果和作用机制，虽然从逻辑分析和实证结果上证明了该理论的适用性，但是货币政策对于并购商誉的影响可能还存在其他理论解释渠道。

在研究设计方面，对货币政策指标的考察在全面性上还有待提高。本书的货币政策指标变量虽然对构成货币政策工具的价格型货币政策工具、数量型货币政策工具、结构性货币政策工具等大类别项目都有所涉及，但伴随着近年来中国人民银行不断推出新的货币政策工具，特别是创新设立了一系列新的结构性货币政策工具，受限于这些创新型货币政策工具的相关数据的可获得性以及推出时间较短，本书并没有涉及这些工具，这在一定程度上影响了本书研究结论的解释效力。

在研究内容方面，本书基于主并企业当年度整体的并购交易状况来考察当年度企业财务报表层面商誉总体规模状况，而没有对每一笔并购交易中的并购商誉进行分斤研究，这使研究内容在深度方面还有待进一步拓展。

第2章 概念界定、理论基础与文献综述

2.1 主要概念界定

2.1.1 并购商誉

按照《企业会计准则（2006）》的定义，并购商誉是指非同一控制下的企业合并中，购买方合并成本大于合并中取得的被购买方可辨认净资产公允价值份额的差额。"非同一控制下的企业合并"是商誉产生的前提条件。定义中的"合并成本"包含合并对价的公允价值和并购交易过程中产生的各项直接相关费用（该费用金额一般所占比重较小），而合并成本主要取决于并购交易中合并对价的公允价值。

从并购商誉确认的本质来看，并购商誉的确认主要取决于主并企业愿意支付的价款和取得的被并企业可辨认净资产的公允价值这两个部分，这两部分的差额即为并购商誉。其本质上是主并企业与被并企业合并后通过建立和完善稳定的供应链关系等措施而产生的并购协同效应，该协同效应将为企业未来带来每年现金流量的增长。将每年现金流量的增值部分按照一定的折现率换算得到净现值并加总，该累计数额成为商誉金额确认的基础，这也体现

了商誉能给企业带来未来"超额收益"的本质属性。

总体而言，我国会计准则对并购商誉的定义主要基于商誉本质中的"剩余价值观（差额观）"，而商誉的"剩余价值观（差额观）"是指商誉是公司总体价值与单个可辨认净资产价值的差额。采用该观点来定义商誉主要是出于方便进行会计金额确认、计量和列报的考虑，但更多学者认为，商誉的"超额收益观"才更能直接体现商誉的本质，并且该观点获得了更普遍的认可（傅超等，2016；林勇峰等，2017）。

2.1.2 货币政策

货币政策是指中国人民银行为了达到相应的经济发展目标而实施的各种调控资金发行数量和资金价格的措施、方针、政策。货币政策会根据经济发展形势而不断变化，一般来说，中国人民银行会及时根据经济形势制定和实施具有前瞻性的"逆周期"宏观货币政策，即当宏观经济处于繁荣期时，货币政策趋向"紧缩"；而当宏观经济处于萧条期时，货币政策趋向"宽松"。

货币政策虽然包含多种可以达到调控资金发行数量和资金价格目的的货币政策工具，但货币政策工具基本可以划分为价格型货币政策工具和数量型货币政策工具两大类别，价格型货币政策工具主要对货币资金价格起调控作用，而数量型货币政策工具主要调控货币资金的供给量（陈创练和戴明晓，2018）。不同货币政策工具虽然在传导效率上有所差异，但是在传导机制上区别不大（张成思和计兴辰，2019），且我国当前货币政策由过去的利用数量型货币政策直接调控货币总量为主逐步转变为利用利率等价格型货币政策间接调控为主（夏盾等，2019）。

本书将价格型货币政策工具与数量型货币政策工具相结合来研究货币政策对于企业并购商誉的影响。其中，价格型货币政策指标采用一年期的贷款基准利率（Loan）。更小的一年期的贷款基准利率表示更低的资金价格，代表货币政策呈现宽松状态。

数量型货币政策指标采用广义货币当年度供应总量（M2）或广义货币供应量年均增长率（RM2）。广义货币 M2 指流通中的货币加上企业、居民的存款和其他存款，其涵盖了所有具有形成现实购买力的货币形式。广义货币当年度供应总量越大或广义货币供应量年均增长率越高，那么资金供应量越充裕，代表货币政策呈现宽松状态。

由于实施货币政策所产生的效果并不能快速见效，存在一定程度的时滞性（姚余栋和李宏瑾，2013；张成思和计兴辰，2019），因此本书将货币政策相关变量滞后一期，这在一定程度上也缓解了内生性问题。此外，本书在稳健性测试和拓展性分析等部分还选取了货币政策中的"法定存款准备金率"指标（法定存款准备金是为确保资金清算需求和存款人能及时取得存款，商业银行等金融类机构需要上缴给中央银行的存款，而上缴的存款额度占商业银行等金融类机构总存款额度的比例就是法定存款准备金率，中国人民银行通过调整存款准备金率可以从数量上调节社会中流通的货币总量，从而达到对经济进行调控的目的）以及"定向降准"这一结构性货币政策指标（"定向降准"是指面向符合特定要求的定向金融机构下调存款准备金率，从而能够让资金更快速高效地流转到"三农"、中小微企业、国家支持的特定行业部门，解决这些特定对象所面临的融资约束问题）。"定向降准"这一结构性货币政策给信贷资金的发放和使用等设置了限制性规则，其实施之后的政策效果能够更精准有效，对解决信贷结构失衡（彭俞超和方意，2016）等特定问题和服务"三农""小微企业"（郭晔等，2019）等特定对象都具有良好效果。

2.2　理论基础

2.2.1　并购商誉理论

虽然我国在 2007 年才开始将"商誉"作为一项资产科目单独披露，但商誉这一概念早在 19 世纪末就被引入商业领域，而学术界对其的研究也已有百年（林勇峰等，2017）。研究和理解"商誉本质"是对其进行确认和计量的基础，学术界关于商誉本质的观点不尽相同，其中具有代表性的理论观点主要有超额收益理论、总计价账户理论、协同效应理论和三元理论等，我国学者提出了商誉的"要素观""超额利润观"和"剩余价值观（差额观）"三大代表性观点（葛家澍和杜兴强，2007），其中，"超额收益观"得到了普遍认可（傅超等，2016）。各主要商誉本质观点的内涵如下：

超额收益理论最早是由 Leake 在 1914 年提出的，他认为，商誉的金额可以用企业并购所产生的未来超额收益的折现值来衡量，这与当前普遍认可的"超额收益观"是一脉相承的。

Canning 在 1929 年提出了商誉的总计价账户理论，他指出，商誉就是企业的一个总计价账户，其揭示了企业未入账资产与已入账资产之间的价值关系，商誉的价值是指企业总体价值减去账面上所有资产的价值后所得的差额部分。商誉的总计价账户本质与当前我国企业会计准则关于并购商誉的定义不谋而合。

Miller 在 1973 年提出了商誉的协同效应理论，他认为，并购交易不是简单的资源合并，而是能够为企业带来"1+1>2"的并购超额收益，即各类要素资源的协同发展将为并购企业带来额外的高于当前资产价值的更多价值收益，而这部分价值就是并购商誉。这一观点在一定程度上反映出商誉所具有的"超额收益"本质属性。

Hendriksen 在继承前人研究成果的基础上，总结并发展了商誉本质理论，并在 1982 年提出了商誉本质的三元理论。他认为，企业并购商誉的本质涵盖三大方面，包括超额收益论、总计价账户论和好感价值论。超额收益论和总计价账户论是对前人研究的继承，好感价值论则创新性地指出了企业并购商誉中会包含利益相关者对于被并资产所具有的一种心理上的认同好感，从而在现实中可能会影响到并购相关方所支付的并购成本。

我国会计学者葛家澍和杜兴强在 2007 年也对并购商誉的本质属性进行了总结创新，提出了商誉的"要素观""超额利润观"和"剩余价值观（差额观）"三大代表性观点。其中，商誉的"要素观"是指商誉是导致企业获取超额利润的一切要素和情形；商誉的"超额利润观"是指商誉是预期未来超额盈利（能力）的贴现值；商誉的"剩余价值观（差额观）"是指商誉是公司总体价值与单个可辨认净资产价值的差额。

《企业会计准则（2006）》采用"剩余价值观（差额观）"，将"商誉"

定义为非同一控制下的企业合并中，购买方合并成本大于取得的被购买方可辨认净资产公允价值份额的差额。

2.2.2　货币政策传导机制理论

宏观政策要发挥相应的政策效果，有赖于该政策通过有效的渠道及时充分地传导至相应的经济参与主体。货币政策作为中国人民银行制定的宏观政策，其要发挥对于金融市场资金总量和资金价格的调控作用也需要找到合适的政策传导渠道。学术界在对货币政策传导机制的研究过程中产生了较为丰富的研究成果，也逐步构建出了一个较为完整的货币政策传导渠道体系。需要指出的是，虽然货币政策工具的种类不同导致货币政策传导的时效性有所差异，但各种货币政策工具在货币政策传导作用机制上差异不大（张成思和计兴辰，2019）。

首先，货币政策可以通过"利率渠道"来进行政策传导。中国人民银行通过对诸如一年期贷款基准利率等各类利率指标进行相应调控，会广泛地影响资金供给方与资金使用方之间的资金流动性水平，包括银行等金融机构之间的同业拆借水平、银行与存款主体之间的存款水平、银行与贷款主体之间的信贷资金水平等方面。因此，货币政策的相关效果可以通过利率渠道传导至货币资金的供给主体和使用主体上，从而实现中国人民银行对货币资金数量和价格进行调控的最终目的。

Taylor（1993）较早对"利率渠道"展开研究，他认为，利率的变化会对投资和消费都产生重要影响，从而进一步证实了利率渠道的存在。国内学者的研究也证明了利率渠道在我国货币政策传导机制中的存在性。如有学者研究发现，货币政策会通过利率渠道对消费支出产生影响。宋旺和钟正生（2006）则进一步指出，货币政策通过利率渠道进行传导时会受到区域环境因素异质性的影响，从而使货币政策的最终效果不同。

其次，货币政策可以通过"信贷渠道"来进行政策传导。信贷渠道也称为银行贷款渠道，该理论由 Bernanke 和 Blinder 在 1988 年正式提出。信贷渠道机制下，中国人民银行所制定和实施的货币政策会影响银行等金融机构的信贷资金规模和信贷资金使用成本，并进而对银行贷款者所能获得的信贷资金规模和信贷资金使用成本产生重要影响，如果贷款者是企业实体，那么会进一步对借款企业在企业经营、融资和投资活动等各方面产生影响，信贷资金对企业等微观主体行为的影响将汇总成为信贷资金对于整个社会经济运行的影响，货币政策通过信贷渠道影响资金总量和价格，并进一步影响到整个社会经济的发展。

相关数据和研究表明，在我国，依靠银行信贷来获取外部资金支持仍然是我国企业外源融资最主要的方式（Chui 等，2010），因此本书认为，在我国货币政策传导机制中，"信贷渠道"的作用效力会更加重要和显著。

再次，货币政策可以通过"平衡表渠道"来进行政策传导。"平衡表渠道"又可以称为"资产负债表渠道"，这里的资产负债表指代的其实是企业的财务状况。资产负债表渠道理论是由 Bernanke 和 Gertler 在 1995 年提出的，他们研究发现，实施宏观货币政策会对企业的财务状况产生影响。意味着企业资产负债表中的相关财务指标会受到宏观货币政策的影响。在这种情况下，企业整体的资产价值会随之变化，如果企业需要进行抵押贷款融资，那么企业因货币政策而导致的资产价值改变也将相应地影响到企业的可抵押资产的价值，进而对企业可贷资金量和贷款成本等产生影响。

在"平衡表渠道"理论中，有一个关键指标值得关注，那就是信贷主体的"净值"，它包含了企业的可售抵押资产和流动资产。在现实生活中，融资方与出资方之间往往存在信息不对称以及交易成本等问题，这导致外源融资成本要高于内源融资成本（Myers 和 Majluf，1984），并进一步产生了融资约束问题。如果信贷主体的净值高，即可售抵押资产和流动资产价值高，那么将有助于其从银行等金融机构处及时充分地获取信贷资金。根据"平衡表渠道"理论，货币政策可以通过以下方式来影响企业的净值，即企业可售抵押资产和流动资产的价值，进而达到影响企业资产负债表上相关指标所展示的企业财务状况的效果：其一，宽松的货币政策下，更多的资金可以涌入到股市等资本市场参与投资，这将导致资本市场上上市公司的股价出现整体上涨的趋势，上市公司市场价值的提升将有助于改善包含可售抵押资产和流动资产在内的企业的财务状况。其二，宽松的货币政策下，资金更加充裕并且使用成本降低，企业的现金流状况和债务利息支出都得以改善，进而使企业的财务状况发生积极变化。其三，宽松的货币政策下，企业之前的债务契约是以名义价格来计量的，宽松货币政策引发的物价上涨将相应减轻企业有息负债的利息支付压力，但却没有使企业资产的实际价值下降，甚至还会使企业的资产出现名义价值的提高，这也将对改善企业的财务状况产生积极影响，从而有助于企业开展信贷融资、投资等活动。

最后，货币政策可以通过"风险承担渠道"来进行政策传导。相关学者研究发现，货币政策可以影响银行等金融机构的风险承担水平（Borio 和 Zhu，2012），同时也可以通过货币政策背景下银行风险承担水平的调整进一步影响相关融资企业的风险承担水平（张迎春等，2019）。具体而言，在宽松货币政策背景下，银行等金融机构可贷资金规模在短时期内快速增长，这导致银行为了提高资金使用效率和信贷收入水平而向更多贷款主体提供相关贷款，银行等金融机构对于贷款主体的财务风险容忍度和由此导致的坏账风险承担水平相应提高。对于企业而言，宽松货币政策所带来的资金使用成本降低，以及基于"资产负债表渠道"下企业财务状况的改善，都有利于企业获得更多的外部资金支持，企业资金等资源的相应增加将使企业抵御风险的能力进一步增强，企业的风险承担水平随之提高。

2.2.3 代理理论

代理理论是研究公司财务和公司治理的经典理论，具有广泛的适用性。代理理论的演进发展历史悠久，包含了从最初的企业所有权与经营权分离背景下形成的企业高管与企业股东之间的第一类代理问题，以及发展到后来因企业大股东控制权和现金流权相分离而产生的大股东同中小股东之间的第二类代理问题。对代理理论的陈述如下：

以 Jensen 和 Meckling（1976）为代表的学者，基于现代企业的产生背景揭示了随着现代企业中所有权与经营权的分离，现代企业最重要的特征——"两权分离"产生，由此产生了最初的"第一类代理成本"问题的相关研究。

Jensen 和 Meckling（1976）提出了经典的"代理成本"理论，从代理成本的角度分析公司"两权分离"现象导致的经济后果以及产生的原因，并针对性地提出了缓解代理成本的公司治理相关建议。

他们将代理成本归纳为三个构成要素，分别是担保成本、监督成本以及剩余价值损失。其中，担保成本是指企业代理人在保护企业股东的相关利益和诉求过程中所需要承担的履行相应职责任务的成本以及当损害了股东利益时所需要负担的弥偿股东利益相应损失的成本。对于监督成本而言，为了防止身为受托方的企业管理层在经营管理过程中产生损害企业股东利益和公司价值的道德风险和逆向选择行为，企业股东就需要对企业管理层进行监督管控，企业股东在对管理层进行监督管控的过程中所付出的相关成本就是监督成本。剩余价值损失则是指身为受托方的企业高管，在对企业进行经营管理的过程中，对企业价值和股东相关利益造成的损失。

此外，他们研究发现，企业中存在着两个方面的代理成本问题。一方面是企业高管和企业股东之间存在着代理成本问题。由于缺乏企业股东全面有效的监督，作为理性"经济人"，企业高管会利用自己的权利在企业经营管理过程中为自己谋取私利，如构建自己的"商业帝国"、频繁开展在职消费、获取超额薪酬福利等。这些高管行为通过降低企业长期价值和以攫取企业股东利益为代价来满足高管自身的短期私利，由此形成了企业高管和企业股东之间的代理问题。该代理问题下的相关成本被称为"股权代理成本"。另一方面则是企业债务方和企业债权方之间存在代理成本问题。在该类代理成本背景下，企业债权方难以全面开展对于企业债务方使用信贷资金使用情况的监管，这导致企业债务方会出于追求更高收益的逐利动机或其他原因，将原本取得的信贷资金挪作他用，擅自改变资金投向来满足自身的私利，这种状况下企业债务方所借的资金会面临更高的损失风险，由此便产生了企业债务方和企业债权方之间的代理成本。他们针对上述企业"两权分离"下所导致的相关代理问题，提出可以从实施对管理层的激励、设立约束性的合同条款等来缓解代理问题，降低代理成本。

在 Jensen 和 Meckling 之后，更多学者致力于继续深化和拓展企业代理问题相关理论。其中，La Porta 等（1999）创新性地构建并提出了企业第二类代理成本的相关理论。在他们于 1999 年发表的代表性论文 *Corporate Owner-ship Around the World* 中，对企业大股东同中小股东之间的第二类企业代理成本进行了深入的研究和阐释，具体而言，该文章研究了世界上 27 个国家的上市企业，其中只选择每个国家内部企业市场价值位居前 20 以及企业市场价值居最后 10 位（去除了企业市场价值在 5 亿美元以下的企业）的上市企业作为研究样本，实证结果显示，样本企业的股权结构相对集中或较为单一，体现为上市企业的股权多由家族控制，同时家族利用交叉持股、构建金字塔式股权结构等方式来实现对上市企业股权的控制。此外，样本企业还显示，大股东所持有的股份中相应的企业控制权和企业现金流权会出现"两权分离"的情况，这种情况下，大股东可以利用较少的股权获取更大的现金流收益，所需承担的成本会较少，且伴随着大股东"两权分离"度的不断扩大，大股东由于缺乏中小股东或其他主体的监督制约会更有动机去攫取更多收益，由此便形成了企业大股东与企业中小股东之间的第二类代理问题。

2.2.4　资源依赖理论

资源依赖理论是管理学中组织相关理论的重要构成内容，该理论产生于 20 世纪 40 年代，而被学术界和实务界发展成主流管理学理论则是在 20 世纪 70 年代后。杰弗里·普费弗和萨兰奇克是资源依赖理论的重要建立和发展者，他们在 1978 年出版的《组织的外部控制》一书中系统全面地阐释了资源依赖理论的相关内容。

资源依赖理论的基础内涵可以总结为三个方面：首先，企业的发展有赖于企业所处的周围资源环境。其次，企业与周围环境之间处于动态相互作用之中，企业一方面需要适应周围环境，另一方面还可以通过发挥企业自身的主观能动性而去改变和控制周围的环境及资源。最后，资源依赖理论中所设定的"组织环境"等专有概念是一个被高度抽象化的虚拟主体，所谓的组织环境其实是对实务中企业与其所处的周边真实环境所不断经历的适应、改变、发展等相互作用总过程的指代。对于不同的企业而言，企业的组织环境也会不同。

资源依赖理论认为，企业生存是企业一切目标的基础与核心，因此为了维持企业持续正常运转，企业需要不断获取和使用相关资源。但是这些资源之中有一些是企业自身不能自主生产创造的，需要依赖于外部环境和其他企业的资源供给。在此背景下，企业管理者会依据情况采取不同的企业行为来实现从外部获取相应资源的目的，这些企业行为包括企业收购兼并、企业间形成战略合作关系、企业引入具有特定背景或经历的高管来加强与外界相关方的非正式联系、企业高管主动参与政治活动和履行社会责任等。从这些企业行为的选择和实施中，企业自身也将加强与外部周围资源环境的互动，这背后有企业希望提升对外部资源环境的影响，增强企业外部资源获取能力的战略目的。

对于财务会计领域而言，资源依赖理论在财务会计领域具有较为广泛的适用性，其可以在一定程度上对企业经营、融资、投资等相关重要企业战略性行为进行解释。针对本书所研究的企业并购行为，运用资源依赖理论可以理解处于竞争更激烈行业的企业为何更有意愿开展并购活动，这主要是由于企业面临与外部企业的激烈竞争，单纯依靠企业自身有限资源将难以生存，更加需要借助并购来获得外部更充分的资源以解决竞争面临的资源短缺问题和未来发展的不可持续性问题。此外，金融背景高管将更有利于企业获取外部信贷资金，金融背景高管与企业外部银行等金融机构的非正式关联一定程度上提升了企业获取资金的便利性和时效性。

2.3　文献综述

2.3.1　商誉确认影响因素研究

对于商誉确认的影响因素，已有文献主要从经济周期、市场、行业、企业和高管等角度去进行研究，具体研究内容如下：

（1）从经济周期角度研究商誉确认的影响因素。周泽将等（2021）考察2007~2017年中国上市企业并购交易，研究发现，经济周期与并购商誉之间存在正相关关系，即当经济处于上行阶段时，企业商誉资产会由于降低了商誉减值准备的计提从而导致商誉资产出现增长，即存在所谓的商誉顺周期效应。

（2）从市场角度研究商誉确认的影响因素，其中，并购竞争程度和并购交易制度会对并购商誉确认产生影响。Slusky 和 Caves（1991）研究发现，当在并购交易中存在多个主并企业时，会激化对被并企业的争夺，从而导致更高的并购溢价，助推商誉金额的提升。谢纪刚和张秋生（2013）对中国并购市场进行研究发现，股份支付交易制度比现金支付交易制度更易导致商誉被高额确认。田园和高利芳（2021）指出，市场卖空交易机制对抑制商誉过快增长具有积极作用，他们选取了 2007～2018 年我国 A 股上市公司作为研究样本，发现卖空机制可以通过减少企业代理问题和提升企业信息质量来抑制商誉过快增长。孙诗璐等（2021）的研究也证明了市场卖空机制对企业并购商誉具有抑制作用，他们指出，卖空机制的作用渠道是引入更多市场分析师和对企业高管实施激励政策。

（3）从行业角度的"同伴效应"出发研究商誉确认的影响因素。傅超等（2015）基于 2011～2013 年我国创业板上市公司的并购重组交易，发现公司的并购商誉会受到同行业其他公司并购商誉平均水平的影响，并且在不确定性更强的外部环境中，这种商誉的"同伴效应"会表现得更加明显。

（4）从企业角度研究商誉确认的影响因素。Sirower（1997）研究认为，当并购双方资产以某种方式组合在一起时，其效果要好于独立存在时的效果之和。因此，并购双方的协同程度越高，并购方愿意支付的溢价水平也越高。

（5）从高管角度的高管过度自信和高管代理问题等出发研究商誉确认的影响因素。李丹蒙等（2018）基于 2007～2015 年的上市公司样本，发现管理层过度自信的程度越高，公司当年度会增加更多的并购商誉。陈耿等（2015）用管理层管理费用率表征代理成本，间接衡量管理层与股东间的代理冲突程度，发现管理层同股东间的代理冲突程度越大，公司的商誉规模越大。

2.3.2　商誉经济后果研究

商誉经济后果研究中最多的是对企业未来业绩的影响研究，研究结论不尽相同。Chauvin 和 Hirschey（1994）以非制造业企业为研究样本，发现商誉会对企业盈利能力和市场价值产生正面作用。郑海英等（2014）基于中国上市公司的商誉数据发现，高额商誉虽会提高公司当期会计业绩，但会使公司长期业绩下降。曾志华和朱彩云（2019）也发现，超额商誉对企业长期业绩有负面影响。此外，Chen 等（2008）在研究遵照 FASB142 规定上市的公司时发现，上市公司集体的商誉减值准备对公司盈利的影响具有显著滞后性，即对公司当期的盈利能力影响甚微，但会显著影响公司未来的盈利能力。

近年来，学者们还从企业利益相关者、市场反应和企业投资决策等视角来考察商誉经济后果。在企业利益相关者视角下，Li 等（2011）关注到企业的投资者和分析师在发现企业并购商誉减值后，将向下修正对公司的价值预期。郑春美和李佳（2018）以及蒋尧明和杨李娟（2020）研究发现，企业并购商誉会显著增加审计师所收取的企业审计费用，从而表明审计师认为当前并购商誉内含较大风险，大规模的商誉对企业整体而言具有负面作用。徐经长等（2017）则从债权人角度发现，企业并购商誉的减值计提会对企业债务成本产生影响，越大的减值计提金额会使债权人制定更高的贷款利率，从而增大企业债务融资成本，这一影响在民营企业中会更加显著。在市场反应视角下，王文姣等（2017）研究了商誉对资本市场上市公司股价崩盘的影响，发现企业的商誉资产规模同上市公司股价崩盘风险呈正相关关系。在企业投资决策视角下，李莲美和杨以诺（2020）研究了商誉对企业创新投资的影响，发现并购商誉对战略性新兴产业中的上市公司创新投入具有负面影响。叶苗苗等（2020）则基于社会责任视角下的企业投资决策进行研究，发现并购商誉会显著减少企业未来社会责任方面的投资。

2.3.3　货币政策影响企业并购投资活动研究

货币政策是宏观经济调控的重要组成部分，是基于经济增长、稳定就业等宏观经济目标需要，由中国人民银行对货币供应量和信用量进行调节的各项政策与措施的总称。当前宏观货币政策对企业经济影响的研究文献较为丰富，货币政策对微观企业主体影响的研究涉及企业投资、融资、经营活动等各方面。陈建英和杜勇（2018）从货币政策对企业投资方向影响的视角进行研究，发现宽松货币政策会刺激制造业企业大规模地投资房地产，进而损害企业主业绩效。张一靓和范小云（2012）从企业融资视角研究了货币政策波动对企业融资成本的影响。刘媛媛和钟覃琳（2018）研究了货币政策对企业经营活动中现金持有水平的影响。赵纯祥和杨快（2019）从企业盈余管理视角进行研究，发现货币政策与企业盈余管理呈负相关关系。此外，相关文献还从货币政策对企业股价波动、会计信息质量（黎来芳等，2018）的影响等其他角度进行了研究。

接下来，本书主要梳理总结了货币政策对企业投资活动的经济影响相关文献，并着重分析了货币政策对企业并购投资活动的经济影响相关文献。

关于货币政策对于企业投资活动的影响，学者们主要从货币政策对企业的投资规模、投资效率等方面进行了研究。杨兴全和尹兴强（2017）基于紧缩的货币政策视角，考察我国上市公司投资活动所受到的影响。他们指出，当货币政策处于紧缩状态时，对外部融资依赖度更高的民营企业会更少进行投资活动，企业投资规模下降更明显，而这主要是因为在紧缩货币政策下，企业的可贷资金更少，从而使企业投资规模缩减。韩东平和张鹏（2015）重点考察了货币政策对于企业投资效率的影响，他们选取了中国民营企业作为样本，利用实证检验发现，民营企业会在宽松货币政策时期产生将投资于短期项目的资金配置到长期项目上的不合理资源配置行为，民营企业通过资金错配扩大投资活动会导致其投资效率的降低。张成思和计兴辰（2019）基于货币政策传导机制研究了区别于传统货币政策工具的创新货币政策工具的相关效果，发现其对资产价格预期的引导作用会更好，而资产价格的变化会影响企业的投资决策。

并购活动是企业投资活动的重要组成部分，也是本书研究的重点内容。货币政策对企业并购的影响研究主要包括以下几个方面：首先，货币政策对并购概率或频率的影响。Uddin 和 Boateng（2011）研究发现，在低利率的宽松货币政策下，外部融资成本的降低有助于提高企业并购概率。唐绍祥（2007）发现，货币供应量同企业并购活动呈正相关关系。其次，货币政策对并购方式的影响。徐虹等（2016）研究发现，货币紧缩时期企业更倾向于采用同属并购方式。刘淑莲等（2012）研究了宽松（紧缩）货币政策对企业并购支付方式的影响，发现宽松货币政策下，企业更倾向于采取现金支付方式。最后，货币政策对并购绩效的影响。徐雨婧和胡珺（2019）研究发现，货币政策与企业并购业绩呈负相关关系。

2.3.4 企业并购活动中的代理问题研究

代理问题对公司经营活动、融资活动和投资活动都会产生影响。具体到对投资活动中的并购活动的影响上，相关文献更多关注管理层与股东间的第一类代理问题对于企业并购行为的影响，因此，本书主要针对第一类代理问题对并购活动的影响进行文献综述。

在管理层与股东的代理冲突下，高管发动并购活动的动机可以分为以下几个方面：首先，基于高管薪酬增长角度。Firth（1991）对英国并购重组交易进行研究发现，高管发动并购同高管薪酬增加存在关联关系。张鸣和郭思永（2007）发现，高管通过并购来实现个人薪酬的增长。其次，基于高管职务晋升角度。Donaldson（1984）发现，高管为了实现自身职务晋升，会更倾向于在企业快速发展阶段实施并购活动，但这种激进的方式导致并购成本增加。再次，基于高管个人风险规避角度。Amihud 和 Ley（1981）发现，高管为了能降低其职业声誉风险和失业风险，会倾向于发动多元化并购活动，而这在一定程度上会损害股东利益。最后，基于高管获取在职消费等隐性福利角度。李善民等（2009）指出，高管利用并购活动来增加自身显性的薪酬和隐性的在职消费福利，而这些并购活动将损害股东价值。

商誉是并购活动的重要产物，在代理问题视角下，相关文献主要是对商誉减值中的代理问题进行了研究。公司董事、监事、高级管理人员及其亲属在内的公司高管将商誉减值作为实现其个人目标（如盈余管理）的代理工具（Degeorge 等，1999；Dechow 和 Skinner，2000；Altamuro 等，2005）。Ramanna（2008）指出，高管在确认商誉减值时存在机会主义动机的原因是他们对公允价值的估计具有自由裁量权。

2.3.5 文献述评

通过对商誉、货币政策等相关理论和文献的系统梳理，本书认为，当前学术界对于商誉和货币政策的研究呈现出以下几个方面的特征：

首先，对于商誉本质的研究显示出实务中的并购商誉已经脱离了商誉的理论内涵，需要结合现实情境来重新认识并购商誉的本质特征。学术界从理论角度研究商誉本质存在多种不同的观点，主要有超额收益理论、总计价账户理论、协同效应理论、三元理论、"要素观"、"超额利润观"和"剩余价值观"等。但结合近些年并购商誉不断被计提大额减值和并购过程中高管利用商誉带来的短期股价提升频频进行套利交易等乱象，实务中并购商誉已经难以真正客观公允地体现给企业未来带来"超额收益"的本质属性，商誉初始确认阶段会受到其他因素的干扰，导致实务中的商誉脱离了"超额收益"的本质属性，其金额的确认会受到外部市场和内部企业特质等多种因素影响，因此需要对影响商誉确认的影响因素进行全面和深入的研究。

其次，从并购商誉确认影响因素角度看，商誉影响因素的研究更多涉及中观的市场层面（Slusky 和 Caves，1991；谢纪刚和张秋生，2013；孙诗璐等，2021；田园和高利芳，2021）、行业层面（傅超等，2015）、微观的企业层面（Sirower，1997）和高管层面（李丹蒙等，2018），而从宏观层面（如货币政策）进行并购商誉确认影响因素的研究还较少。

再次，从宏观货币政策对微观企业并购活动的影响角度看，研究货币政策对企业并购商誉影响的相关文献还较少。相关文献主要从货币政策对并购数量、并购支付方式、并购概率、并购方式和并购绩效的影响等方面进行考察。

最后，从并购商誉经济后果角度看，相关文献对于并购商誉经济后果的研究虽然较为广泛，但主要集中在经营业绩角度（Chauvin 和 Hirschey，1994；Chen 等，2008；郑海英等，2014；魏志华和朱彩云，2019），少数学者还从企业利益相关者（Li 等，2011；徐经长等，2017；郑春美和李晓，2018；蒋尧明和杨李娟，2020）、市场反应（王文姣等，2017）和企业投资决策（叶苗苗等，2020；朱莲美和杨以诺，2020）等视角来考察商誉经济后果。商誉经济后果相关文献虽然涉及企业经营、融资和投资三大活动领域，但是在经营活动视角下只重点研究了商誉对经营业绩的影响，较少涉及企业经营风险；在融资活动视角下着重考察了企业债务融资成本，缺乏对商誉所引发的债务融资成本提升后是否会造成企业融资约束的进一步研究；在投资活动方面则仅集中研究了商誉对企业后续投资方向和投资规模的影响，较少考察企业的投资效率。同时，缺乏一个基于企业经营、融资和投资活动的综合研究商誉经济后果的系统性分析框架。

基于对商誉和货币政策相关理论和文献的总结评价，本书试图从宏观货币政策角度以及基于区域金融水平、行业竞争程度、企业代理成本和金融背景高管这四个维度的环境异质性视角系统探讨货币政策对微观企业并购商誉的影响效果和作用机制，并进一步考察货币政策下商誉的经济后果。

2.4　本章小结

本章主要从重要概念、理论基础和相关文献角度对本书所研究的货币政策对企业并购商誉影响机制及相关经济后果进行分析，明确了本书所要研究的主体对象、采用的相关基础理论，围绕当前的研究空白或不足引出本书的研究主体和具体内容。

本章首先对并购商誉和货币政策这两大基本概念进行界定，有助于厘清二者的本质内涵。其次通过对商誉本质相关理论、货币政策传导机制理论、代理理论以及资源依赖理论等经典理论的梳理总结，明确了本书在研究假设与逻辑分析阶段所依据的主要理论，有助于从这些经典理论中寻找到与本书研究主题相契合的相关概念和具体内容。最后对研究主题所涉及的相关文献进行系统梳理和述评，从而认识和掌握当前货币政策和并购商誉领域研究的内容体系和发展趋势，进而找出研究的可拓展方向。

从对并购商誉的相关文献梳理可以看出，从宏观视角来考察并购商誉确认的影响因素仍是一个较为创新的研究方向，这主要是因为当前对并购商誉确认影响因素的研究大部分还是局限于在并购市场内部和企业内部来寻找影响因素，而忽视了整个宏观经济金融环境对并购商誉初始金额确认的影响。在现实中，货币政策宽松时期并购商誉的规模会相对更大，因此从货币政策这一宏观角度研究其对并购商誉的影响具有一定的理论和现实意义。

从对并购商誉经济后果的相关文献梳理可以看出，经济后果研究范围虽然比较广泛，但是没有形成一个系统、完善、有逻辑关联的经济后果研究框架，相关结论也不统一。因此，本书试图针对货币政策下商誉经济后果构建一个基于企业经营、融资和投资活动的系统性分析框架。并且不仅考察商誉本身对企业的影响，还联系货币政策这一影响商誉确认的因素来进一步分析货币政策调节效应和作用机制。这种理论分析框架将有助于对相关理论进行更深入的阐释，也有助于搭建整个商誉资产周期内商誉对企业全方位影响的系统分析框架。

第 3 章　制度背景与现状分析

3.1　制度背景

3.1.1　货币政策的发展历程

货币政策是中央行为了达到相应的经济发展目标而实施的各种调控资金发行数量和资金价格的措施、方针、政策。我国货币政策与宏观经济环境的发展变化是息息相关的。一方面，我国货币政策的调控目标呈现多元化特征。从过去单纯从发展经济、稳定物价、促进就业等角度来制定相关总体货币政策，到现在更加注重货币政策的"精准性"和"时效性"，通过一系列结构化的货币政策工具和手段实现了国家对特定阶段、特定行业、特定目的等细分领域的精准调控，货币政策的有效性进一步提高。另一方面，我国货币政策调控的工具也呈现多样化特征。自 2013 年以来，伴随着中国经济发展逐渐步入"新常态"阶段，中国人民银行便开始不断创设一系列的结构化货币政策工具，从而使货币政策工具的调控更加精准化。本小节主要从货币政策工具的发展和货币政策调控的发展两大方面进行具体阐释分析，以便更全面系统认识我国货币政策的总体发展脉络和特征趋势。

3.1.1.1　货币政策工具的发展

我国的货币政策经过改革开放以来的不断发展完善，到目前已经形成了多样化的货币政策工具体系。货币政策工具的发展完善有助于更好地促进货币政策的实施落地。从性质角度看，广义上的货币政策工具可以划分为定性型货币政策工具与定量型货币政策工具两大类。

定性型货币政策工具主要是中国人民银行发布的《货币政策执行报告》，该报告具有很高的信息含量，是回顾、总结和展望当前及今后一段时期我国货币政策总体发展状况和发展趋势的重要指南，中国人民银行会定期发布，一般每个季度都会推出相应时段的《货币政策执行报告》，该报告的主体结构也较为固定，大致分为五大部分内容，依次为货币信贷概况（主要包含银行体系货币流动性、金融机构信贷情况、货币供应量与社会融资规模和人民币汇率等内容）、货币政策操作（分析特定时期阶段的货币政策工具实施状况）、金融市场运行（涵盖对金融市场概况、金融市场制度建设等方面内容）、宏观经济分析（对特定时期阶段的世界经济金融形势和中国宏观经济形势等进行阐释分析）、货币政策趋势（包括对中国宏观经济发展的展望以及未来一段时期的金融工作发展思路规划等内容）。

对于《货币政策执行报告》这类定性型货币政策工具，相关学者的研究表明，其对货币市场实际利率的影响基本可以忽略（Sun，2020），这可能与这类货币政策工具更加着重于对报告发布时期的经济金融形势进行客观的数据指标总结和回顾，而对资金直接调控的效力不足有关。这使《货币政策执行报告》这类定性型货币政策工具并不是调控货币数量和价格的合适选择，其更多的是作为观察宏观货币市场运行概况和发展走势的一份权威性的官方货币信息报告。

另一类货币政策工具则是定量型货币政策工具，它包含的种类更为丰富，对货币市场的调控也更加有效。因此，通常情况下将定量型货币政策工具作为一般意义上的货币政策工具来进行分析和研究。传统的货币政策工具包括公开市场业务、再贴现和存款准备金制度。我国货币政策工具在此基础上不断发展创新。根据中国人民银行官方网站的相关信息，我国当前的货币政策工具包括九个大类，分别是公开市场业务、存款准备金、中央银行贷款、利率政策、常备借贷便利、中期借贷便利、抵押补充贷款、定向中期借贷便利和结构性货币政策工具，各项工具的具体内容分别为：

公开市场业务。它是最传统的央行货币政策工具之一，其定义可概括为央行通过在公开市场买卖有价证券以及进行外汇交易等手段来达到对货币总量等要素的调控和影响。我国的公开市场操作主要包括外汇公开市场操作以及人民币公开市场操作两大部分内容。1994 年 3 月，我国启动了外汇市场操作业务，人民币公开市场操作业务则从 1998 年 5 月开始开展。伴随着经济的不断发展，中国人民银行还在 2013 年 1 月针对公开市场业务进行货币政策工具的创新，构建了短期流动性调节工具 SLO，旨在为市场提供短期流动性资金支持，完善传统公开市场业务相关功能。

存款准备金。存款准备金也是央行传统货币政策工具的重要构成内容，它是指为满足资金清算需求和确保存款人能及时取得存款，商业银行等金融类机构需要上缴给央行的存款。而上缴给央行的存款金额占商业银行等金融类机构存款总额的比重被称之为存款准备金率。从其定义可以看出，存款准备金的设立最初主要是为了满足存款支付和清算需要，经过不断发展才被央行作为一项重要的货币政策工具加以采用，央行主要通过改变存款准备金率的大小来调控商业银行等金融机构所拥有的信贷资金规模，从而达到对货币数量的调节作用。我国的存款准备金相关制度规范在 1998 年进行了一次大规模改革，这对改善存款准备金的货币调控作用具有积极价值。

中央银行贷款。中央银行贷款也是中央银行传统货币政策工具的重要构成内容，中央银行贷款具体可进一步划分为再贴现和再贷款两种。其中，再贴现是指央行通过买进在中国人民银行开立账户的银行业金融机构持有的已贴现但尚未到期的商业票据，向在中国人民银行开立账户的银行业金融机构提供融资支持的行为。中国人民银行作为我国的中央银行，通过对再贴现业务制定贴现的利率、贴现的总额度、贴现票据的选择等规则来达到对商业银行等金融机构的资金进行调控的目的，从而对社会资金总体规模进行间接调控。自 2008 年以来，中国人民银行对再贴现业务进行完善和升级，包括扩大政策适用机构对象、扩大政策适用票据范围等，这有利于提升再贴现业务的政策时效性和便捷度。再贷款是对中央银行贷款的简称，它主要是指中央银行给商业银行等金融机构贷款的一项资金支持行为。我国的中国人民银行作为中央银行，通过制定贷款的利率、贷款的总额度等规则来达到对商业银行等金融机构的资金进行调控的目的，从而对社会信贷资金规模和流向起到间接引导调控作用。

利率政策。它涵盖了各类资金项目的利率总体水平。按照不同的分类标准，可以将利率政策划分为不同的种类，按照币种划分，可以划分为人民币利率和外汇利率；按照不同资金项目划分，可以划分为贷款基准利率、存款基准利率、再贴现利率、再贷款利率等。随着新的货币政策工具的不断出现，利率政策也涵盖了常备借贷便利利率等内容。利率是货币政策发挥其效力的最主要的工具之一，货币传导作用机制理论中"利率渠道"能够对银行的信贷资金规模产生重要而广泛的影响，因此参考相关文献和理论，本书选取一年期贷款基准利率并将其作为一个重要的货币政策指标进行深入研究。

常备借贷便利。常备借贷便利是一项与公开市场业务联合使用的旨在为金融类机构提供资金流动性支持的创新型货币政策工具。我国在 2013 年初的时候建立了常备借贷便利这一货币政策工具。常备借贷便利的适用对象为商业银行和政策性银行等大型金融机构，贷款方式为相关银行自发向中央银行提出贷款申请，并且需要向中央银行提供优质的抵押资产后才能获得专属贷款额度，贷款期限一般较长，能够满足商业银行和政策性银行等大型金融机构三个月左右的资金流动性需求。

中期借贷便利。中期借贷便利是由中国人民银行在 2014 年 9 月建立的一个新的货币政策工具。中期借贷便利的适用对象为商业银行和政策性银行等符合中国人民银行审慎监管要求的金融机构，贷款方式为相关银行自发向中央银行提出贷款申请，并且需要向中央银行提供优质的票据、国债等质押资产之后才能获得贷款额度，贷款的利率水平参考中期利率水平，期限一般较长，能够满足商业银行和政策性银行等大型金融机构中长期的资金流动性需求，进而能够让获得贷款资金支持的银行进一步以较低的成本将资金转贷给企业等经济主体，间接达到减少社会综合融资成本、提高市场上资金流动性水平的目的。

抵押补充贷款。它是中国人民银行在 2014 年 4 月建立的一项旨在支持社会经济发展过程中的薄弱领域、发展的重要环节以及涉及民生领域相关项目的一个资金期限较长、资金额度较大的货币政策工具。申请贷款的相关金融机构需要向中国人民银行提供优质的国债等质押资产后才能获得贷款额度。

定向中期借贷便利。定向中期借贷便利是对中期借贷便利这一货币政策的补充。顾名思义，其使用对象为商业银行等符合借款条件的金融机构，能够满足特定商业银行等金融机构中长期的资金流动性需求，并且资金利率水平相较于一般的中期借贷便利还有一定的下降优惠。

结构性货币政策工具。伴随着我国经济发展从高速增长阶段转变为高质量发展阶段的经济发展"新常态"，我国的货币政策工具对于资金的调控也从之前的总量调控逐步转变为重视针对特定对象、特定阶段和特定领域等的精准调控。中国人民银行近些年完善和构建了多种结构性货币政策工具来加强货币政策的精准性和时效性。当前，我国的结构性货币政策工具主要基于科技研发创新、绿色可持续发展以及支持"三农"等普惠性金融需求提供定向的资金支持，包括科技创新再贷款、碳减排支持工具、支农再贷款等相关货币政策工具。结构性货币政策工具在贷款审批和投放方面具有较为完善和严格的资金内部控制流程机制，该机制可以总结为中央银行限制总额度，同时要求金融机构先行贷款后才能向中央银行申请再贷款，金融机构则需要进行台账登记管理，相关金融监管部门需要随机对信贷资金的使用情况进行检查。上述这些内部控制手段都进一步提升了结构性货币政策工具向特定主体提供资金的有效性，也在一定程度上缓解或治理了过去"大水漫灌"式货币投放所引发的一连串高杠杆负债、实体企业"脱实向虚"等巨大金融风险。

定向降准也属于结构性货币政策工具中的一项重要构成，因为中央银行在进行定向降低存款准备金率时就对降准适用的金融机构、降准释放的资金用于信贷的用途等进行了限制，中央银行实施的定向降准货币政策所提供的增量资金多用于支持普惠金融、小微企业或是经济结构转型相关项目领域等，这同结构性货币政策工具的总体政策目标是一致的。本书在后续的实证检验环节将采用定向降准这一结构性货币政策工具来检验其对货币政策下并购商誉所具有的调节作用。

总体而言，通过对我国货币政策工具的发展情况进行梳理总结可以看出，货币政策工具中定量型货币政策工具占据了主导地位，而定量型货币政策工具虽然种类较多，但概括而言，基于货币政策调控目标的视角，可以将定量型货币政策工具划分为价格型货币政策工具和数量型货币政策工具两部分。

其中，价格型货币政策工具主要是通过对货币资金的价格进行调控从而发挥货币政策效力的工具，包含利率政策等。而数量型货币政策工具主要是通过对货币资金的供给总量进行调控从而发挥货币政策效力的工具，包含公开市场业务、存款准备金等。从本质上而言，各种创新型货币政策工具和结构型货币政策工具都起到了对资金价格或资金数量的调节作用，只是在作用范围、作用对象等方面存在差异，因此可以说价格型货币政策工具与数量型货币政策工具共同构建了我国的货币政策工具体系。鉴于上述分析，本书在实证研究环节同时选取了价格型货币政策工具和数量型货币政策工具来进行分析。其中，价格型货币政策工具采用一年期的贷款基准利率（Loan），数量型货币政策工具采用广义货币当年度供应总量（M2）和广义货币供应量年均增长率（RM2），广义货币 M2 指流通中的货币加上企业、居民的存款和其他存款，其涵盖了所有具有形成现实购买力的货币形式。

3.1.1.2 货币政策调控的发展

我国的货币政策调控需要基于所处的特定发展环境下的经济、社会等多种现实状况因素来综合考虑，伴随着改革开放以来我国经济的不断发展变化，我国的货币政策调控也不断适应着经济社会发展对于资金的需要而改变。基于本书所研究的时间段为 2008～2020 年，因此本小节将主要阐释和分析这时期货币政策调控的相关发展特征和变化趋势。

2008 年之前，我国的货币政策以紧缩性的货币政策为主，这主要是为了防止经济过热发展，稳定物价水平。2008 年国际金融危机爆发，我国的经济发展便开始面临着较大的外部负面压力冲击。在 2008 年 5 月 12 日我国四川省汶川地区发生的强烈地震灾害让中国经济受到了来自国内的意外自然灾害的负面冲击，在内外部双重压力下，货币政策从之前的"紧缩"基调转变为"宽松"基调，在宽松货币政策背景下，中国人民银行于 2008 年 10～12 月进行了连续性的存款准备金率下调，同时解除了商业银行的相关信贷约束，使商业银行能够向贷款主体提供更多的信贷资金，与此同时，积极的财政政策也开始配合宽松的货币政策，表现为中央政府制定和实施了四万亿元资金规模的促进经济保持增长的十条具体措施。

2008 年超宽松的货币政策和积极的财政政策在一定程度上引发了之后几

年的物价上涨，由此为了应对和解决通货膨胀，中国人民银行又对货币政策总基调进行了适度微调，货币政策在 2010~2013 年从"宽松"基调逐步调整为"稳健"基调。

从 2014 年开始，我国的货币政策又开始逐步改变为"稳健偏向宽松"的货币政策，在货币政策工具运用上，则体现为 2014~2015 年中国人民银行进行了连续的存款准备金率和贷款利率的调降操作。此外，中国人民银行连续推出了包括常备借贷便利、中期借贷便利等创新型货币政策工具，这些创新型货币政策工具的运用，一方面，为市场注入了及时可观的资金流动性支持；另一方面，由于这些创新型货币政策工具不同于过去传统的总量型货币政策工具，它们的使用会限制借贷对象或用途，因此缓解了"大水漫灌"式资金投放所引发的问题，也在一定程度上提高了资金使用效率。

2014 年开始的"稳健偏宽松"货币政策一直持续到了 2015 年，在 2015 年底召开的中央经济工作会议上，党中央提出了去产能、去库存、去杠杆、降成本、补短板的五方面工作任务，又在 2017 年的金融工作会议上进一步明确了"去杠杆"的时间和相关任务清单。由此，货币政策开始趋向中性偏紧缩。

2018 年，中国的货币政策又开始从紧缩转型到适度宽松阶段，这期间，中国人民银行连续三次调降定向存款准备金率。这将有助于银行、企业等经济主体缓解资金不足的问题，宽松的货币政策基调也因为 2020 年的疫情原因持续到了现阶段。

通过对 2008~2020 年我国货币政策调控的相关重要事件和时间节点的梳理总结可以看出，当经济形势处于衰退期或萧条期时，中国人民银行会采取趋向宽松的货币政策，大力运用各种货币政策工具来提高资金总供给量以及降低融资成本；而当经济形势处于过快上升或繁荣期时，中国人民银行会采取趋向紧缩的货币政策，减少运用货币政策工具或采用调高利率水平等方式来稳定经济。

3.1.2 并购商誉相关制度发展

"商誉"这一概念早在 19 世纪末就被引入到商业中，而学术界对其的研究也有百年之久（林勇峰等，2017）。我国并购商誉的发展历史相对较短。伴随着 2007 年我国将并购商誉正式作为一项资产科目进行单独核算和披露，我国并购商誉的相关制度规范才逐渐正式发展起来。

2006 年，我国《企业会计准则第 20 号——企业合并》首次对商誉进行了定义。同年，《企业会计准则第 8 号——资产减值》规定："企业合并所形成的商誉，至少应当在每年年度终了进行减值测试。商誉应当结合与其相关的资产组或者资产组组合进行减值测试。"

伴随着我国并购重组交易市场的不断发展，并购商誉的规模也逐年快速增大，这期间由于我国与相关商誉的规范还较少，且在实践层面对于并购商誉的初始确认、后续计量和列报披露等方面的针对性不足，可操作性较弱，导致并购商誉风险不断积累。之后，监管机构相继发布了关于并购商誉的一系列风险提示和管控规范等相关文件。本书梳理了基于时间顺序的商誉相关重要文件和重要事件，具体内容如表 3-1 所示。

表 3-1 我国并购商誉相关规范文件和重要事件

时间	发布机构	相关文件和事件	商誉相关内容概括
2014 年 9 月 12 日	中国证监会	《2013 年上市公司年报会计监管报告》	部分上市公司并购商誉占并购支付总价的比重超过 80%，部分达到了 90% 以上；部分上市公司按规定没有进行年度商誉减值测试
2014 年 10 月 23 日	中国证监会	《上市公司重大资产重组管理办法》《关于修改〈上市公司收购管理办法〉的决定》	加强对并购商誉等企业并购相关资产的信息披露和监管
2018 年 11 月 16 日	中国证监会	《会计监管风险提示第 8 号——商誉减值》	揭示商誉后续计量环节的有关会计监管风险
2019 年 3 月 29 日	财政部监督检查局	《关于进一步加强商誉减值监管的通知》	指导财政监察专员对商誉减值强化监管
2019 年 3 月 29 日	中国注册会计师协会	书面约谈相关会计师事务所	要求会计师事务所关注商誉减值异常的相关公司
2020 年 11 月 24 日	上海证券交易所	《上海证券交易所上市公司自律监管规则适用指引第 3 号——信息披露分类监管》	对可能产生商誉大额减值风险的并购交易活动进行重点监管

续表

时间	发布机构	相关文件和事件	商誉相关内容概括
2022 年 6 月 2 日	国有资产监督管理委员会	《关于加强中央企业商誉管理的通知》	加强对高溢价并购项目的管控，规范商誉及其减值的计量和披露，建立商誉专门管理制度和部门

3.2 现 状 分 析

3.2.1 货币政策指标总体现状

本小节对货币政策指标总体现状的分析将基于本书实证检验部分的主要货币政策变量进行，具体而言，选取一年期的贷款基准利率（Loan）、广义货币年度供应总量（M2）、广义货币供应量年均增长率（RM2）和定向降准货币政策（SMP）四个指标来进行分析。其中，一年期的贷款基准利率属于价格型货币政策指标，其主要影响借贷资金的价格；广义货币年度供应总量和广义货币供应量年均增长率属于数量型货币政策指标，其主要影响借贷资金的总供给规模；而定向降准货币政策属于结构性货币政策工具，其是为了实现特定经济金融目标，如支持经济结构调整、扶持小微企业和"三农"等。针对特定金融机构降低存款准备金率，能够引导信贷资金投向和控制信贷规模。由于实施货币政策所产生的效果并不能快速见效，存在一定程度的时滞性（姚余栋和李宏瑾，2013；张成思和计兴辰，2019），因此，本书将货币政策相关变量作滞后一期处理。

如图 3-1 所示，一年期的贷款基准利率的变动幅度相较于广义货币供应量年均增长率的变动幅度而言要更小，但是可以看出，二者呈负相关关系，这与预期是一致的。以 2010 年为例，一年期的贷款基准利率下降到了低位，而广义货币供应量年均增长率上升到了最高处，表明货币政策转向宽松时，一年期贷款基准利率会降低，而广义货币供应量增长率则增大。考虑到本书将货币政策相关变量作滞后一期处理，所以 2010 年处对应的一年期贷款基准利率和广义货币供应量年均增长率反映的货币政策情况实际是 2009 年的货币政策实际情况。2008 年国际金融危机的爆发使 2009 年处于宽松货币政策时期，这表明图中所展示的数据与现实情况是基本一致的。此外，从图 3-2 中可以看出，广义货币的年度供应量呈现逐年增长的趋势，但是每年增长的幅度会有所不同。

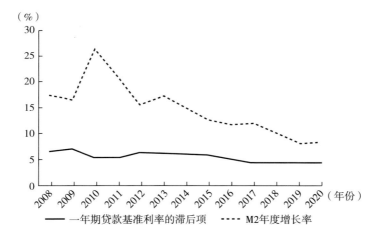

图 3-1　2008~2020 年货币政策指标 Loan 和 RM2

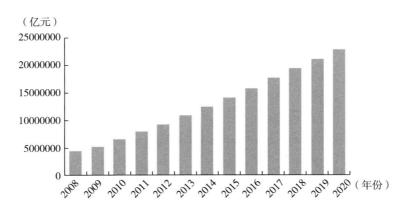

图 3-2　2008~2020 年货币政策指标 M2

相关指标中，一年期的贷款基准利率和定向降准货币政策的调整频率虽然不高，但在实施中都取得了较好的货币政策效果（章上峰等，2020）。本书基于 2008～2020 年，梳理并归纳了上述两个货币政策工具的具体变动情况，具体如下：

对于一年期的贷款基准利率而言，其变动情况如下：

2008 年：年初的一年期贷款基准利率为 7.47%，年末则调降至 5.31%。当年度一共进行了五次调降，分别为 9 月调降 0.27 个百分点，10 月连续两次调降 0.27 个百分点，11 月调降 1.08 个百分点，12 月调降 0.27 个百分点。

2009 年：一年期的贷款基准利率没有调整，保持 5.31%。

2010 年：年初的一年期贷款基准利率为 5.31%，年末则调升至 5.81%。当年度一共进行了两次调升，分别为 10 月调升 0.25 个百分点，12 月调升 0.25 个百分点。

2011 年：年初的一年期贷款基准利率为 5.81%，年末则调升至 6.56%。当年度一共进行了三次调升，分别为 2 月调升 0.25 个百分点，4 月调升 0.25 个百分点，7 月调升 0.25 个百分点。

2012 年：年初的一年期贷款基准利率为 6.56%，年末则调降至 6%。当年度一共进行了两次调降，分别为 6 月调降 0.25 个百分点，7 月调降 0.31 个百分点。

2014 年：年初的一年期贷款基准利率为 6%，年末则调降至 5.6%。当年度一共进行了一次调降，为 11 月调降 0.4 个百分点。

2015 年：年初的一年期贷款基准利率为 5.6%，年末则调降至 4.35%。当年度一共进行了五次调降，分别为 3 月调降 0.25 个百分点，5 月调降 0.25 个百分点，6 月调降 0.25 个百分点，8 月调降 0.25 个百分点，10 月调降 0.25 个百分点。

对于定向降准货币政策而言，其变动情况如下：

2014 年实施了两次定向降准货币政策。4 月 25 日，针对县级的农村商业银行以及县级的农村信用合作社，人民币存款准备金率分别调降 2 个百分点和 0.5 个百分点；6 月 16 日，针对支持小微企业和"三农"的特定金融机构，人民币存款准备金率调降 0.5 个百分点。

2015 年实施了五次定向降准货币政策。2 月 5 日，针对支持小微企业的城商行和非县级农商行，人民币存款准备金率调降 0.5 个百分点，针对农发行调降 4 个百分点。4 月 20 日，针对农村金融机构，人民币存款准备金率调降 1 个百分点，针对农发行调降 2 个百分点，针对支持小微企业和"三农"的特定金融机构调降 0.5 个百分点。6 月 28 日，针对部分金融机构实施定向降准。9 月 6 日，调降农村金融机构人民币存款准备金率 0.5 个百分点，针对汽车金融企业与金融租赁企业调降 3 个百分点。10 月 24 日，针对支持小微企业和"三农"的特定金融机构，人民币存款准备金率调降 0.5 个百分点。

2018 年实施了四次定向降准货币政策。1 月，针对上年支持小微企业和"三农"且满足一定条件门槛的银行，准备金率调降 1 个百分点或 0.5 个百分点。4 月，针对支持小微企业的特定金融机构，人民币存款准备金率调降 1 个百分点。7 月，针对支持债转股和小微企业的特定金融机构，人民币存款准备金率调降 0.5 个百分点。10 月，针对支持小微企业和创新科技企业的特定金融机构，人民币存款准备金率调降 1 个百分点。

2020 年实施了一次定向降准货币政策。4 月，针对农村类金融机构，人民币存款准备金率分阶段调降共计 1 个百分点。

3.2.2 并购商誉的总体现状

本小节梳理并总结了我国上市公司并购商誉的总体状况。图 3-3 展示了我国上市公司并购商誉规模的总体状况，如图所示，根据 CSMAR 数据库相关统计数据，2007~2020 年，我国上市公司并购商誉规模总体呈现不断增长的趋势，2007 年上市公司商誉净额为 376 亿元，之后保持逐年增长，到 2016 年底，商誉规模首次突破一万亿元关口，达到 10846 亿元，且在 2017 年和 2018 年继续保持增长态势，到 2018 年达到了 13554 亿元的峰值。2018 年之后，商誉规模则开始小幅下降，到本书所统计的 2020 年末，我国上市公司并购商誉净额为 12223 亿元，并购商誉规模仍处于历史较高水平。因此，在较长的一段时期内，高额并购商誉所蕴藏的潜在金融风险仍然值得关注。

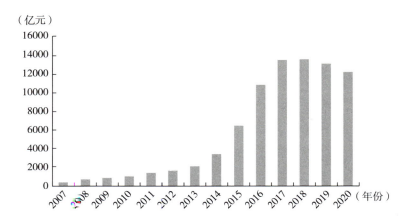

图 3-3　2007~2020 年上市公司并购商誉规模

对 2020 年我国上市公司并购商誉进行行业和地区分类统计，相关结果如表 3-2 和表 3-3 所示。从表 3-2 可以看出，各行业的商誉规模存在差异，商誉规模位居前三的行业依次为电力、热力、燃气及水生产和供应业，居民服务、修理和其他服务业；而交通运输、仓储和邮政业，文化、体育和娱乐业，科学研究和技术服务业这三类行业的商誉规模较小。

表 3-2　2020 年上市公司并购商誉行业分布情况

行业	企业数量（家）	商誉金额（亿元）	商誉金额占比（%）
农、林、牧、渔业	28	264.00	2.620
采矿业	24	108.00	1.070
制造业	1346	406.00	4.040
电力、热力、燃气及水生产和供应业	52	1720.00	17.100
建筑业	60	944.00	9.380
批发和零售业	54	119.00	1.180
交通运输、仓储和邮政业	151	0.430	0.004
住宿和餐饮业	68	125.00	1.240
信息传输、软件和信息技术服务业	106	445.00	4.420
金融业	40	1210.00	12.030
房地产业	44	925.00	9.190

续表

行业	企业数量（家）	商誉金额（亿元）	商誉金额占比（%）
租赁和商务服务业	32	1470.00	14.610
科学研究和技术服务业	77	19.70	0.200
水利、环境和公共设施管理业	16	204.00	2.030
居民服务、修理和其他服务业	1	1530.00	15.210
教育	0	0.00	0.000
卫生和社会工作	2	24.00	0.240
文化、体育和娱乐业	13	9.81	0.100
综合	1	536.00	5.330

表 3-3　2020 年上市公司并购商誉地区分布情况

区域	省（市、自治区、直辖市）	企业数量（家）	商誉金额（亿元）	商誉金额占比（%）
华北区域	北京	236	1830.00	16.39
	天津	30	171.00	1.53
	山西	14	73.40	0.66
	河北	35	149.00	1.33
	内蒙古	12	29.00	0.26
	合计	327	2252.40	20.17
东北区域	吉林	24	113.00	1.01
	辽宁	34	315.00	2.82
	黑龙江	18	39.10	0.35
	合计	76	467.10	4.18
华东区域	上海	172	1350.00	12.09
	安徽	62	204.00	1.83
	山东	105	928.00	8.31
	江苏	233	785.00	7.03
	江西	27	126.00	1.13
	浙江	244	905.00	8.10
	福建	90	212.00	1.90
	合计	933	4510.00	40.39

续表

区域	省（市、自治区、直辖市）	企业数量（家）	商誉金额（亿元）	商誉金额占比（%）
华中区域	河南	39	153.00	1.37
	湖北	62	527.00	4.72
	湖南	57	336.00	3.01
	合计	158	1016.00	9.10
华南区域	广东	363	2120.00	18.98
	广西	23	39.80	0.36
	海南	12	33.30	0.30
	合计	398	2193.10	19.64
西南区域	云南	20	75.80	0.68
	四川	63	164.00	1.47
	西藏	10	18.10	0.16
	贵州	18	93.50	0.84
	重庆	32	138.00	1.24
	合计	143	489.40	4.39
西北区域	宁夏	7	13.80	0.12
	新疆	28	120.00	1.07
西北区域	甘肃	16	44.20	0.40
	陕西	24	52.20	0.47
	青海	5	8.56	0.08
	合计	80	238.76	2.14

根据 2020 年上市公司并购商誉地区分布情况，从省一级角度来看，广东、北京和上海地区的上市公司商誉规模位居前三；从区域角度来看，华东区域、华北区域和华南区域的上市公司商誉规模位居前三。这显示出在区域经济和金融发展水平更高的地区，资金等金融资源的获取和使用更有效率，在一定程度上推动了该地区并购交易的繁荣，带动了并购商誉规模的扩大。

3.2.3　货币政策对并购交易支付方式的影响

本小节主要分析我国上市公司并购交易中支付方式的现状和特征，并进一步考察宽松货币政策对其的影响。研究样本为 2008~2020 年我国沪深 A 股非金融行业的上市公司所涉及的并购交易。相关数据主要从 CSMAR 数据库获得，并对并购交易数据进行如下处理：首先，剔除没有完成的并购交易数据样本。其次，剔除金融保险类行业的上市公司的并购交易数据样本。再次，剔除了 ST 和 *ST 等特殊类型的上市公司的并购交易数据样本。最后，剔除了相关数据缺失的并购交易数据样本。经过上述数据处理，共得到了 83510 个并购交易样本观测值。利用 Excel 和 Stata 等软件对相关数据进行处理。在进一步分析货币政策对并购交易支付方式的影响时，将货币政策区分为宽松货币政策和紧缩货币政策两大类，由于实施货币政策所产生的效果并不能快速见效，存在一定程度的时滞性（姚余栋和李宏瑾，2013；张成思和计兴辰，2019），因此将各年度的货币政策相关变量作滞后一期处理。将各年度对应的一年期贷款基准利率滞后一期值（$Loan_{t-1}$）作为货币政策的分组变量，具体做法为：计算样本一年期贷款基准利率的中位数并将其作为分组标准，若该并购交易所处年度对应的一年期贷款基准利率小于中位数，那么定义并购交易发生在货币政策宽松期；反之，并购交易处于货币政策紧缩期。

一方面，从我国并购交易的支付方式分布情况看，表 3-4 展示了 2008~2020 年我国并购交易支付方式的分布情况，虽然并购交易的支付方式存在多种类型，主要包括现金支付、股份支付和资产支付等，但从统计数据可以看出，现金支付仍是我国并购交易最主要的支付方式，股份支付等其他支付方式占比较小。进一步结合各年度货币政策进行单变量均值检验，设并购交易支付方式为 0~1 的虚拟变量，对采用现金支付的并购交易赋值为 1；反之赋值为 0。均值检验结果如表 3-6 所示，结果表明，宽松货币政策下，企业会更倾向于选择现金支付来进行并购交易，该结果与刘淑莲等（2012）的研究结论相一致。

表 3-4　2008~2020 年并购交易支付方式分布情况

年份	现金支付占比（%）	股份支付占比（%）	其他支付占比（%）
2008	92.05	4.61	3.34
2009	94.66	3.03	2.31

续表

年份	现金支付占比（%）	股份支付占比（%）	其他支付占比（%）
2010	94.41	3.96	1.63
2011	95.33	2.56	2.11
2012	95.76	2.40	1.84
2013	93.10	2.90	3.99
2014	93.27	2.54	4.19
2015	92.96	2.60	4.44
2016	94.89	1.43	3.68
2017	96.75	1.01	2.23
2018	96.87	1.04	2.08
2019	96.97	0.65	2.38
2020	98.63	0.38	0.99

　　另一方面，对占比最大的现金支付方式的并购交易进行子样本分析，重点考察交易中涉及外源融资的资金来源分布情况，若并购交易涉及外源融资，则其来源主要包括债权融资、股权融资等渠道。表3-5展示了2008~2020年我国并购交易外源融资方式分布情况，结果表明，总体上债权融资仍是我国企业并购交易中进行外源融资的主要渠道。2011年、2013年和2014年中股权融资等其他融资方式的占比提升，原因在于2010~2013年为了应对和解决通货膨胀，货币政策从"宽松"趋势逐步调整为"稳健"的"较紧缩"货币政策趋势，这导致从银行进行信贷融资的成本和门槛提高。进一步结合各年度货币政策进行单变量均值检验，设并购交易外源融资方式为0~1的虚拟变量，对涉及债权融资的并购交易赋值为1；反之赋值为0。均值检验结果如表3-6所示，结果表明，宽松货币政策下，企业筹集并购交易所需资金涉及外源融资时会更倾向于选择债权融资方式。该结论在现实数据中也可以得到支持，如2014~2015年中国人民银行进行了连续的存款准备金率和贷款利率调降，货币政策转向宽松，这导致2015年开始并购交易市场趋向繁荣。从表3-5也可以看出，在2015年的宽松货币政策下，并购交易外源融资中债权融资比例开始了连续上升。

表 3-5　2008~2020 年并购交易外源融资方式分布情况

年份	债权融资占比（%）	其他融资占比（%）
2008	68.97	31.03
2009	53.33	46.67
2010	70.00	30.00
2011	31.58	68.42
2012	65.63	34.38
2013	18.68	81.32
2014	44.64	55.36
2015	68.73	31.27
2016	75.14	24.86
2017	84.63	15.37
2018	86.03	13.97
2019	84.78	15.22
2020	80.15	19.85

表 3-6　不同货币政策下并购交易支付方式均值检验

变量	宽松货币政策	紧缩货币政策	差值	T 值
并购交易支付方式	0.965	0.936	0.029	20.01***
变量	宽松货币政策	紧缩货币政策	差值	T 值
并购交易外源融资方式	0.807	0.616	0.191	11.00***

注：*表示在 10%水平上显著，**表示在 5%水平上显著，***表示在 1%水平上显著。

　　总体来看，在宽松货币政策下，我国并购交易更倾向于选择现金支付。同时，当并购交易需要进行外源融资时，我国企业更倾向于选择债权融资方式。

3.3　本章小结

　　本章基于研究主题，从我国货币政策与企业并购交易相关的制度背景和现实状况出发，对货币政策、企业并购商誉和货币政策对并购交易支付方式的影响等进行了阐释分析。在货币政策方面，本章对货币政策的发展历程进行了回顾和总结，主要从我国货币政策工具的发展以及货币政策调控情况两个方面展开；并且针对本书涉及的货币政策相关变量构建了变动趋势的数据统计图表；还对一年期贷款基准利率和定向降准货币政策的调控历程进行了梳理阐释。在企业并购商誉方面，本章主要从并购商誉相关制度发展和并购商誉的总体现状两个方面来进行分析，其中，并购商誉相关制度发展分析侧重于利用文字来系统梳理近年来并购商誉相关规范文件和重要事件，而并购商誉的总体现状分析则侧重于对我国上市公司并购商誉数据的发展变化和当前趋势特征等来进行统计。在货币政策对并购交易支付方式的影响方面，主要对宽松货币政策下并购交易支付方式进行特征总结和定量分析。

本章主要得出了如下结论：首先，我国的货币政策工具不断完善和丰富，大量结构性货币政策工具在近几年不断被创新推出，这些结构性货币政策工具在促进经济转型升级、发展普惠金融和支持小微企业和"三农"发展等方面都有更好的货币政策效果，但不容否认的是，诸如利率政策、公开市场业务等传统货币政策工具仍然有其使用价值，它们的影响程度和影响范围会更大，因此，今后政策需要根据具体经济形势来综合运用各种货币政策工具。其次，伴随着我国经济进入到高质量发展新阶段，我国的货币政策的调控手段也从过去"大水漫灌"式的总量调控逐步转变为更多利用结构性货币政策工具等方式来进行精准调控，这有利于使经济发展处于一个可持续且平稳的状态中。再次，我国并购商誉发展历史较短，相关制度仍处于待完善阶段，当前上市公司并购商誉的总体规模仍然较大，高额商誉的潜在金融风险不容忽视，需要监管层出台更多指导性文件来推动我国并购商誉转入健康平稳的发展状态中。最后，宽松货币政策下，我国并购交易更倾向于选择现金支付，当并购交易需要进行外源融资时，我国企业更倾向于选择债权融资方式。

第4章 货币政策对企业并购商誉的影响研究

4.1 引言

企业并购商誉是并购交易活动的重要构成要素，也是企业资产中的重要组成部分。商誉在19世纪末期便被引入到现实商业的情境下，具有悠久的发展历史，在我国直到2007年才首次以正式的会计科目对商誉进行单独列示和独立核算。企业并购商誉从本质上体现了企业"超额盈利能力"的本质属性，理论上，在公平公正、信息及时准确的完全有效并购交易市场中，并购商誉的金额能客观公允地反映企业未来的"超额盈利能力"，但在现实情境下，实务中的并购交易市场是非完全有效的，存在非理性、信息不对称等各类问题，这导致了在实际并购交易活动中，交易所产生的并购溢价，即并购商誉的金额往往缺乏客观公允性，其中掺杂了其他影响并购交易价格确认的各种因素，正如杜兴强等（2011）所指出的，实务中将价差部分确认为并购商誉，这使其中相当部分金额并未体现出商誉"给企业带来未来超额盈利能力"的内涵特征。伴随着2007年商誉会计科目的首次单独披露和独立核算，商誉金额也呈现不断快速增长的趋势，根据CSMAR和Wind数据库的数据，上市公司商誉净额从2007年的376亿元迅速扩大至2020年的1.2万亿元，商誉规模的非理性快速增长在近年来引发了一系列的金融风险。据相关数据，上市公司在2019年1月底集中业绩预告期间，有超过200家上市公司披露由于计提了大额商誉减值从而导致公司业绩下滑，其中79家上市公司预亏金额甚至达到近10亿元，这引发了上市公司业绩和市场价值的急剧下跌，也不利于资本市场的长期健康稳健发展。上述数据和案例表明，实务中企业并购商誉成为并购风险的"蓄水池"（傅超等，2015），也导致并购商誉确认时所体现的"计价容器"属性的缺陷被进一步放大（林勇峰等，2017）。

鉴于上述现实背景，探讨并购商誉在初始确认阶段的影响因素对管控商誉风险具有重要现实意义。当前对商誉确认影响因素的研究主要从经济周期、市场结构和制度特征等方面进行，现有文献较少从宏观货币政策方面来研究其对并购商誉确认的影响。但从我国现实货币政策环境来看，在宽松货币政策环境期间，如2014年我国央行连续降准降息，在这样宽松的宏观货币政策环境背景下，资本市场的并购重组交易也日渐活跃，统计数据显示，我国上市公司并购重组交易金额在2013~2016年年均增长率约为41.14%，2016年末达到2.39万亿元，居全球第二。从相关数据可以看出，货币政策对并购交易具有一定程度的影响。而通过梳理当前有关货币政策经济后果的相关文献可知，已有研究虽然涉及货币政策对企业经营、融资、投资的影响，涵盖了经营绩效（陈建英和杜勇，2018）、融资成本（张璞和范小云，2012）、并购概率（Uddin和Boateng，2011）、并购方式（刘淑莲等，2012）、并购绩效（徐雨婧和胡珺，2019）等，但是研究货币政策对并购商誉影响的文献还较少。

鉴于上述现实背景和理论背景，本章基于货币传导机制理论、商誉理论和资源依赖理论等，选择2008~2020年沪深A股非金融类上市公司作为研究样本，分析货币政策对企业并购商誉规模的影响效果和作用机制，并进一步研究货币政策下企业并购商誉增速、异常超额商誉等细分内容，同时从企业特征视角对结构性货币政策的有效性进行了探讨。此外，采用一系列稳健性测试方法来对相关研究结果进行检验。

本章的研究意义在于：一方面，从宏观货币政策角度探讨货币政策对微观企业并购商誉的影响，是对宏微观研究的有益补充，完善了货币政策经济后果和并购商誉影响因素相关研究。另一方面，本章揭示了总量型货币政策工具和结构性货币政策工具对企业并购商誉的影响效果差异，并进一步检验了货币政策对并购商誉的作用机制以及提出提升结构性货币政策有效性的建议，这些结论都有助于政策在现实中制定更加精准有效的货币政策来防范化解由于企业商誉过快增长所引发的一系列金融经济风险。

4.2 理论分析与研究假设

4.2.1 货币政策对企业并购商誉的影响研究

根据资源依赖理论，企业是市场微观主体的重要组成部分，在经营过程中除了依靠其自身内部资源外，还需要依靠企业外部资源以满足其发展需要。宏观货币政策的实施会通过相应的货币政策传导渠道来影响市场整体的资金流动性水平，这种外部资金面的变化会影响企业的资源配置能力，进而影响企业投资活动。由第 3 章可知，我国并购交易较多采用现金支付方式，并且宽松货币政策下企业并购交易会更倾向于采用现金支付（刘淑莲等，2012），因此货币政策所引发的市场资金的融资成本和流动性水平改变将对企业并购交易活动产生更加直接和重要的影响。宏观货币政策对企业并购商誉确认影响主要表现在以下几个方面：

一方面，货币政策会影响并购资金规模进而影响商誉确认。企业开展并购投资时往往需要充足的资金，只依靠企业内部资金难以满足，因此需要依靠外部融资来补充资金。从第 3 章的相关数据分析可以看出，我国并购交易涉及外源融资时，债权融资是最主要的融资渠道，此外根据中国人民银行的统计数据，2022 年末对实体经济发放的人民币贷款余额占同期社会融资规模存量的 61.7%[①]，这也说明，当前依靠银行信贷来获取外部资金支持仍然是

---

① 《2022 年社会融资规模存量统计数据报告》，数据来自 http：//www.pbc.gov.cn/diaochatongji-si/116219/116225/4761013/index.html。

我国企业进行外部融资最主要的方式（Chui 等，2010）。

在宽松的货币政策背景下，信贷融资成本会更低且市场资金供应量会更加充裕，企业可以通过银行贷款获得更充足的并购资金支持。具体而言，对于并购信贷资金供给方的银行而言，基于货币传导信贷渠道理论，宽松货币政策给银行带来更多可贷资金，这使银行有能力为有并购需求的企业提供更充分的融资支持。基于货币传导风险承担渠道理论，货币政策会对银行的风险承担水平产生影响（Borio 和 Zhu，2012）。宽松的货币政策提高了银行的杠杆程度和银行高管的过度自信水平，进而使银行风险承担水平提高（张迎春等，2019）。同时，银行风险承担水平的提高还进一步提高其流动性创造能力。因此，宽松货币政策助推了银行对高风险并购交易的风险容忍度和资金授信水平。对于并购信贷资金需求方的企业而言，基于货币传导利率渠道理论，宽松货币政策下中央银行通过降低基准贷款利率等方式实现了融资成本的下降，有并购资金需求的企业可以利用更少的资金成本来进行并购投资以获取较高的并购收益，这将促进更多企业向银行申请更多并购相关贷款。此外，基于货币传导资产负债表渠道理论，宽松的货币政策有助于提升企业业绩，进而改善企业的财务状况（Bernanke 和 Gertler，1995），因此，企业可以利用这些良好的财务指标和更优质的可抵押资产来向银行申请更大规模的并购贷款。

综合来看，宽松货币政策能促进银行提供更多并购信贷资金，企业也有意愿和能力获得更多并购信贷资金。这导致大量的资金和并购投资主体进入到并购交易市场中。面对有限的并购标的资源，主并企业只能通过承担更高的并购溢价来抢夺优质并购项目，衡量并购溢价的商誉金额也将增加。可以看出，宽松货币政策背景下商誉金额的增加掺杂了脱离商誉"超额收益"本质的其他非理性因素。

另一方面，货币政策会影响主并企业的风险承担水平，进而影响商誉确认。企业的风险承担水平反映了企业为了获得高收益而愿意承担相应成本和风险的程度（Lumpkin 和 Dess，1996）。在宽松的货币政策下，企业在面对风险更高的项目时，一旦因为风险而使企业遭受损失，企业也可以在宽松的货币政策环境下及时快速地获得更多资金和资源支持，企业抵御风险的能力较强。相关研究也证实了宽松的货币政策会提高企业的风险承担水平（林建松等，2017）。

公司股东和高管都希望企业能实现更大的业绩提升和更持续的价值增长，这离不开具有高收益的相关项目和资源的支撑，而收益与风险往往呈正相关关系，因此，企业在选择高收益项目的同时也需要承担较高的风险。Boubakri 等（2013）研究发现，企业风险承担水平越高，越能提升企业绩效和促进企业发展，所以那些倾向于投资高收益项目的企业往往具有高风险承担水平。对于并购投资活动，理论上商誉体现了并购资产能为企业未来带来的超额收益（Wen 和 Moehrle，2016；傅超等，2016；林勇峰等，2017），商誉金额越大，理论上主并方企业在未来获取超额收益的可能性就越高。因此，在实际交易中，具有高风险承担水平的企业有意愿通过并购实现企业更快地发展，相应地就承担了更高的商誉风险，这也增加了企业当期商誉规模。综合来看，当宽松的货币政策提高了大量企业的风险承担水平后，将导致更多企业有意愿和能力为了获取高收益选择投资商誉金额大的并购项目，从而引发企业商誉规模的整体增长。

根据上述理论分析，在宽松货币政策背景下，并购资金规模和主并方企业的风险承担水平都得以提高。一方面，宽松货币政策带来了更多的并购资金，这将带动并购需求的快速增加，继而引发了对并购商誉的非理性高额确认。另一方面，宽松货币政策提高了企业的风险承担水平，这让企业可以为了获取更高的未来超额收益而投资商誉金额高的并购项目。上述两方面都造成了宽松货币政策下企业商誉规模的增长。基于上述分析，本章提出如下假设：

假设 4-1：货币政策越宽松，企业商誉规模越大。

4.2.2　结构性货币政策对企业并购商誉的影响研究

结构性货币政策是对传统总量性货币政策的补充和完善，其更加强调"结构"二字，旨在通过实施差异化的货币政策实现对特定对象、特定行业的资金支持或为实现特定目标提供专属资金配置。我国从 2013 年建立并实施了结构性货币政策，它是对传统总量货币政策的改革，其过往针对的资金支持对象包括小微企业、"三农"等，特定政策目标包括支持"普惠金融"发展、支持"产业转型升级"等。结构性货币政策在提高金融系统资金流动性水平（Krugman，2000）、优化信贷资金配置效率（Blanchard等，2010）、促进经济结构转型升级（胡育蓉和范从来，2017）、降低社会总体融资成本（刘澜飚等，2017）等多个方面都具有积极的效果。

定向降准货币政策是结构性货币政策的重要构成部分，它面向符合特定要求的定向金融机构下调存款准备金率，从而能够让资金更快速高效地流转到"三农"、中小微企业、国家支持的特定行业部门，解决这些特定对象所面临的融资约束问题。定向降准这一结构性货币政策给信贷资金的发放和使用等设置了限制性规则，其实施之后的政策效果能够更精准有效，对解决信贷结构失衡（彭俞超和方意，2016）等特定问题和服务"三农"、小微企业（郭晔等，2019）等特定对象都具有良好效果。根据上述理论分析，定向降准货币政策虽然为实体经济提供了流动性资金支持，但其支持对象和使用条件都有严格限制，导致不能像总量型货币政策那样为市场提供全面的资金支持。在宽松货币政策条件下，实施定向降准货币政策将难以为并购需求提供流动性资金，从而减弱了宽松货币政策对企业并购商誉的提升作用。基于上述分析，本章提出如下假设：

假设4-2：结构性货币政策会减弱宽松货币政策对企业并购商誉的提升作用。

4.3　实证研究设计

4.3.1　样本选择与数据处理

伴随着并购重组市场的持续火热，商誉规模自2007年以来快速增长，我国在2007年才首次规定需将"商誉"作为独立会计科目进行披露，鉴于2007年对于上市公司而言属于商誉政策改革落地的适应调整期，能够对商誉进行准确完整披露的上市公司还不多，因此，本书选择2008~2020年沪深A

股所有非金融类上市公司作为初始研究样本。货币政策数据、并购活动相关数据和企业财务信息等数据来自 CSMAR 数据库和 Wind 数据库，利用中国人民银行、国家统计局、沪深交易所、企业官网等渠道对货币政策、企业并购商誉等关键变量数据进行手工收集。

对初始样本进行了如下处理：首先，删除金融保险类上市公司，主要是由于该行业上市企业的资本结构与其他行业上市企业存在较大差异。其次，删除 ST 和 *ST 等特殊类型的上市公司，主要是由于这些企业具有的特殊情况，会影响其并购投资活动。再次，删除考察时期内数据缺失的样本观测值。最后，对相关连续性变量进行了 1% 水平的缩尾处理，以消除变量极端值的影响。经过上述数据处理，本书共得到 18242 个有效样本观测值。相关数据利用 Excel 和 Stata 等软件进行处理。

4.3.2 模型设计与变量说明

为检验假设 4-1 和假设 4-2，本书利用多元回归方法分别构建了如下多元回归模型（4-1）和模型（4-2），模型构建和变量选取主要参考了陆正飞和杨德明（2011）、陈创练和戴明晓（2018）、李丹蒙等（2018）、张成思和计兴辰（2019）等的研究，所有相关变量的具体说明如表 4-1 所示。

表 4-1 变量定义

变量	变量名称	变量符号	具体定义
被解释变量	并购商誉	$GW_{i,t}$	i 公司第 t 年度商誉净额除以年末总资产
解释变量	一年期贷款基准利率	$Loan_{t-1}$	中国人民银行公布的一年期贷款基准利率，若当年度有多个值，则按时间为权重取加权平均值，然后作滞后一期处理
	广义货币供应量	$M2_{t-1}$	广义货币 M2 年供应量，然后作滞后一期处理
	广义货币供应量增长率	$RM2_{t-1}$	广义货币 M2 供应量年均增长率，然后作滞后一期处理
调节变量	结构性货币政策	SMP_{t-1}	中国人民银行当年度开展定向降准货币政策的次数，然后作滞后一期处理

续表

变量	变量名称	变量符号	具体定义
控制变量	公司规模	$Size_{i,t}$	公司期末总资产的自然对数
	负债率	$Lev_{i,t}$	公司资产负债率
	股权结构	$Firstshr_{i,t}$	第一大股东持股数量与公司总股数的比例
	管理层权力	$Dual_{i,t}$	虚拟变量，董事长兼任总经理为1，否则为0
	盈利能力	$ROA_{i,t}$	公司年净利润/年末总资产
	成长性	$Growth_{i,t}$	公司营业收入年增长率
	董事会规模	$Board_{i,t}$	董事会人数的自然对数
	账面市值比	$BTM_{i,t}$	总资产除以总市值
	行业估值水平	$PEG_{i,t}$	取分年度分行业的个体公司市盈率与年盈利增长率比值的均值，并除以10000以消除数量级差异
	国际四大	$Big4_{i,t}$	虚拟变量，公司聘请"四大"会计师事务所审计取1，否则取0
	产权性质	$SOE_{i,t}$	虚拟变量，企业最终实际控制人属性为国有性质的取1，否则取0
	行业	Ind	行业虚拟变量，根据证监会《上市公司行业分类指引》（2012年版），制造业按二级代码分类，其他按一级代码分类
	年度	$Year$	年度虚拟变量

$$GW_{i,t} = a_0 + a_1 MP_{t-1} + a \sum Control\ variables_{i,t} + \varepsilon \qquad (4-1)$$

$$GW_{i,t} = a_0 + a_1 MP_{t-1} + a_2 MP_{t-1} \times SMP_{t-1} + a_3 SMP_{t-1} + a \sum Control\ variables_{i,t} + \varepsilon \qquad (4-2)$$

其中，$GW_{i,t}$ 表示 i 企业在第 t 年度的商誉净额，商誉净额等于商誉减去商誉减值准备后的额。该数据经过资产标准化处理，其值等于 i 企业在 t 年度的商誉净额除以当年度的资产总额。

自变量 MP_{t-1} 表示货币政策，将货币政策分为两种类型，即价格型货币政策和数量型货币政策。价格型货币政策指标采用一年期的贷款基准利率（Loan），数量型货币政策指标采用广义货币当年度供应总量（M2）和广义货币供应量年均增长率（RM2），广义货币指流通中的货币加上企业、居民的存款和其他存款，其涵盖了所有具有形成现实购买力的货币形式。由于实施货币政策所产生的效果并不能快速见效，存在一定程度的时滞性（姚余栋和李宏瑾，2013；张成思和计兴辰，2019），因此，本书将货币政策相关变量作滞后一期处理，这也在一定程度上缓解了实证模型的内生性问题。

模型（4-1）中 MP_{t-1} 的系数 a_1 反映了货币政策对企业并购商誉的影响程度，根据本章的假设推理，当自变量为一年期贷款基准利率时，预期 a_1 系数小于零；当自变量为广义货币供应量和广义货币供应量年均增长率时，预期 a_1 系数大于零。因此，a_1 系数综合反映了货币政策越宽松，企业商誉规模越大的情境。

模型（4-2）中 SMP_{t-1} 表示结构性货币政策，此处选取了定向降准这一结构性货币政策工具，定向降准货币政策是指中国人民银行为了实现特定经济金融目标，如支持经济结构调整、扶持小微企业和"三农"等，针对特定金融机构降低存款准备金率的定向货币政策。其值表示在 t-1 年度中国人民银行实施定向降准这一结构性货币政策的次数。SMP_{t-1} 是调节变量，主要考察系数 a_2。根据本章的假设推理，预期 a_1 和 a_2 的系数相反，即结构性货币政策会在一定程度上缓解宽松的货币政策所引发的企业并购商誉增长。

4.4　实证检验结果与分析

4.4.1　变量描述性统计

样本变量的描述性统计数据如表 4-2 所示，企业并购重组交易形成的年末商誉净额占年末总资产的比例（GW）在样本中存在较大差异，标准差为 0.070，最大值为 0.380，中位数为 0.001，最小值为 0，代表当年度企业没有商誉资产项目，均值为 0.030。从货币政策变量来看，价格型货币政策变量一年期贷款基准利率的标准差为 0.900，均值为 5.500，最大值为 7.200，中位数为 5.300，最小值为 4.300。而数量型货币政策变量广义货币供应量和广义货币供应量增长率的标准差分别为5.600和4.800，均值、最大值、中位数和最小值分别为 13.000、23.000、13.000、4.600 和 15.000、27.000、15.000、8.300。这说明，在货币政策变量中，价格型货币政策变量的变动幅度要小于数量型货币政策的变动幅度。结构型货币政策变量的最大值为5，最小值和中值均为0，表明中国人民银行只有在经济发展形势更加严峻的年度才会较为频繁地实施定向降准之类的结构型货币政策。从样本数据还可以看出，参与并购重组交易的公司中民营企业占据多数。对企业资产规模（Size）、企业资产负债率（Lev）、企业盈利能力（ROA）、企业成长性（Growth）、企业账面市值比（BTM）等指标均值进行分析后发现，总体而言，参与并购的公司具有较强的资本实力和良好的生产经营状况。

表 4-2　变量描述性统计①

变量	样本量	均值	标准差	最小值	中值	最大值
GW	1822	0.030	0.070	0	0.001	0.380
Loan	1822	5.500	0.900	4.300	5.300	7.200
M2	1822	13.000	5.600	4.600	13.000	23.000
RM2	1822	15.000	4.800	8.300	15.000	27.000
SMP	1822	0.820	1.600	0.000	0.000	5.000
Size	1822	22.000	1.300	20.000	22.000	26.000
Lev	1822	0.430	0.200	0.053	0.430	0.850
Firstshr	1822	35.000	15.000	9.500	33.000	75.000
Dual	1822	0.250	0.430	0.000	0.000	1.000
ROA	1822	0.050	0.039	0.002	0.041	0.200
Growth	1822	0.180	0.350	−0.470	0.120	2.100
Board	1822	2.200	0.200	1.600	2.200	2.700
BTM	1822	0.630	0.240	0.130	0.630	1.200
PEG	1822	0.009	0.100	−0.520	0.003	0.410
Big4	1822	0.060	0.240	0.000	0.000	1.000
SOE	1822	0.410	0.490	0.000	0.000	1.000

---

① Loan 和 RM2 的单位为百分比（%）。

4.4.2　变量相关性分析

变量相关性分析结果如表 4-3 所示，从数据可以看出，货币政策变量中价格型货币政策变量一年期贷款基准利率与企业并购商誉变量的相关系数为 -0.313，且在 1% 的水平上显著为负，数量型货币政策变量与企业并购商誉变量的相关系数在 1% 的水平上显著为正，相关系数的结果初步支持了本章基本假设，即货币政策越宽松，企业商誉规模越大。

表 4-3　变量相关性分析

变量	GW	Loan	M2	RM2	SMP	Size	Lev
GW	1						
Loan	-0.313***	1					
M2	0.331***	-0.817***	1				
RM2	0.296***	-0.489***	0.858***	1			
SMP	0.190***	-0.301***	0.386***	0.429***	1		
Size	-0.004	-0.248***	0.285***	0.241***	0.121***	1	
Lev	-0.159***	0.018**	-0.038***	-0.035***	-0.029***	0.525***	1
Firstshr	-0.189***	0.111***	-0.115***	-0.099***	-0.064***	0.190***	0.085***
Dual	0.108***	-0.074***	0.092***	0.079***	0.034***	-0.144***	-0.135***
ROA	0.030***	-0.018**	-0.010	-0.029***	-0.014*	-0.114***	-0.406***
Growth	0.168***	-0.066***	-0.026***	-0.081	0.009	0.028***	0.070***
Board	-0.107***	0.098***	-0.134***	-0.116***	-0.063***	0.215***	0.141***
BTM	-0.094***	-0.078***	0.044***	0.065***	-0.113***	0.509***	0.404***
PEG	0.037***	0.003	-0.010	-0.014*	0.081***	-0.027***	-0.032***
Big4	-0.020***	-0.041***	0.057***	0.051***	0.022***	0.376***	0.116***
SOE	-0.233***	0.162***	-0.199***	-0.171***	-0.090***	0.309***	0.287***
变量	Firststshr	Dual	ROA	Growth	Board	BTM	PEG
Firstshr	1						
Dual	-0.061***	1					
ROA	0.060***	0.050***	1				

续表

变量	Firststshr	Dual	ROA	Growth	Board	BTM	PEG
Growth	−0.007	0.034***	0.151***	1			
Board	0.023***	−0.174***	−0.021***	−0.025***	1		
BTM	0.141***	−0.111***	−0.393***	−0.057***	0.147***	1	
PEG	−0.008	0.010	0.042***	0.005	−0.002	−0.063***	1
Big4	0.143***	−0.063***	0.025***	−0.027***	0.082***	0.146***	−0.011
SOE	0.214***	−0.283***	−0.130***	−0.068***	0.277***	0.213***	0.005

变量	Big4	SOE
Big4	1	
SOE	0.146***	1

注：＊表示在 10% 水平上显著，＊＊表示在 5% 水平上显著，＊＊＊表示在 1% 水平上显著。

4.4.3 多元回归分析

4.4.3.1 货币政策对企业并购商誉的影响研究

表 4-4 展示了货币政策对企业并购商誉影响的多元回归结果。其中，第（1）列是价格型货币政策变量一年期贷款基准利率与企业并购商誉变量的多元回归结果，其系数为−0.020，在 1% 水平上显著为负，表明一年期贷款基准利率的不断下降而形成的宽松货币政策环境将使企业并购商誉规模不断增大。从经济意义上看，一年期贷款基准利率下降 1 个百分点，将使用总资产进行标准化后的企业并购商誉规模平均增长约 66.67%。第（2）列和第（3）列分别是数量型货币政策变量广义货币供应量和广义货币供应量增长率与企业并购商誉变量的多元回归结果，其系数分别为 0.001 和 0.003，且都在 1% 水平上显著为正，表明在广义货币供应量的不断增大或广义货币供应量的年均增长速度不断提高而形成的宽松货币政策环境下，企业并购商誉规模会相应增大。从经济意义上看，广义货币供应量增长 1 个百分点或广义货币供应量增长率提高 1 个百分点，将分别使用总资产进行标准化后的企业并购商誉规模平均增长约 3.33%、10%。

表4-4　货币政策对企业并购商誉影响的回归分析

变量	(1)	(2)	(3)
	GW	GW	GW
Loan	−0.020***		
	(−17.706)		
M2		0.001***	
		(6.267)	
RM2			0.003***
			(11.548)
Size	0.004***	0.017***	0.033***
	(5.952)	(21.050)	(31.211)
Lev	−0.044***	−0.025***	−0.017***
	(−13.681)	(−6.775)	(−4.214)
Firstshr	−0.000***	−0.001***	−0.001***
	(−14.750)	(−19.325)	(−17.505)
Dual	0.003***	0.001	−0.000
	(2.710)	(1.106)	(−0.380)
ROA	−0.148***	−0.078***	−0.046***
	(−10.344)	(−5.746)	(−3.267)
Growth	0.032***	0.023***	0.018***
	(23.923)	(21.752)	(17.217)
Board	−0.006**	−0.000	0.005
	(−2.403)	(−0.057)	(1.470)
BTM	−0.002	−0.010***	−0.013***
	(−0.638)	(−3.495)	(−4.570)
PEG	0.014***	0.010***	0.009***
	(3.029)	(3.114)	(2.706)
Big4	0.002	−0.005*	0.003
	(1.015)	(−1.898)	(0.819)
SOE	−0.015***	−0.021***	−0.007**
	(−13.607)	(−11.577)	(−2.369)
_cons	0.125***	−0.332***	−0.745***
	(7.723)	(−16.816)	(−24.990)
Year/Industry	控制	控制	控制

续表

变量	（1）	（2）	（3）
	GW	GW	GW
样本量	18242	18242	18242
调整后的 R^2	0.288	0.234	0.169

注：*表示在10%水平上显著，**表示在5%水平上显著，***表示在1%水平上显著。

综合来看，多元回归结果验证了本章假设4-1，表明货币政策越宽松，企业商誉规模越大。

4.4.3.2 结构性货币政策对企业并购商誉的影响研究

结构性货币政策对企业并购商誉影响的回归分析如表4-5所示。引入带有结构性货币政策变量的交乘项后，其交乘项的多元回归系数与对应的总量型货币政策变量回归系数呈负相关关系，其中，第（1）列是价格型货币政策变量一年期贷款基准利率下的结构性货币政策效果的多元回归，其交乘项系数为0.003，在1%水平上显著为正，说明结构性货币政策的实施可以减弱贷款利率下降所造成的并购商誉增长。第（2）列和第（3）列分别为数量型货币政策变量广义货币供应量和广义货币供应量增长率下的结构性货币政策效果的多元回归，其交乘项系数分别为-0.001和-0.000，分别在1%水平和5%水平上显著为负，说明结构性货币政策的实施可以减弱广义货币供应量增大或增速加快所造成的企业并购商誉增长。

表4-5 结构性货币政策对企业并购商誉影响的回归分析

变量	（1）	（2）	（3）
	GW	GW	GW
Loan	-0.016*** (-26.338)		
Loan×SMP	0.003*** (5.594)		
M2		0.002*** (11.187)	

续表

变量	(1)	(2)	(3)
	GW	GW	GW
M2×SMP		−0.001***	
		(−6.742)	
RM2			0.003***
			(11.548)
RM2×SMP			−0.000**
			(−2.081)
SMP	−0.012***	0.010***	0.005***
	(−4.431)	(6.546)	(3.684)
Size	0.006***	0.017***	0.033***
	(10.098)	(21.050)	(31.211)
Lev	−0.048***	−0.025***	−0.017***
	(−14.769)	(−6.775)	(−4.214)
Firstshr	−0.001***	−0.001***	−0.001***
	(−15.869)	(−19.325)	(−17.505)
Dual	0.003***	0.001	−0.000
	(2.954)	(1.106)	(−0.380)
ROA	−0.164***	−0.078***	−0.046***
	(−11.458)	(−5.746)	(−3.267)
Growth	0.031***	0.023***	0.018***
	(22.915)	(21.752)	(17.217)
Board	−0.009***	−0.000	0.005
	(−3.627)	(−0.057)	(1.470)
BTM	−0.001	−0.010***	−0.013***
	(−0.458)	(−3.495)	(−4.570)
PEG	0.011**	0.010***	0.009***
	(2.489)	(3.114)	(2.706)
Big4	0.001	−0.005*	0.003
	(0.289)	(−1.898)	(0.819)

续表

变量	（1）	（2）	（3）
	GW	GW	GW
SOE	−0.017***	−0.021***	−0.007**
	（−15.613）	（−11.577）	（−2.369）
_cons	0.052***	−0.363***	−0.745***
	（3.465）	（−18.487）	（−24.990）
Year/Industry	控制	控制	控制
样本量	18242	18242	18242
调整后的 R^2	0.260	0.234	0.169

注：＊表示在10%水平上显著，＊＊表示在5%水平上显著，＊＊＊表示在1%水平上显著。

综合来看，多元回归结果验证了本章假设4-2，表明结构性货币政策会减弱宽松货币政策对企业并购商誉的提升作用。

4.5 稳健性测试

为确保上述结论的稳健性，本章进行了稳健性测试。

4.5.1 替换变量检验

为降低主要变量选择误差对研究结果的影响，本章通过对主要变量进行替换的方法开展稳健性测试。参考闫先东等（2012）、周泽将等（2021）对货币政策和企业并购商誉的研究，本章选择法定存款准备金率（Reserve）作为自变量货币政策的替换指标。法定存款准备金是为确保资金清算需求和存款人能及时取得存款，商业银行等金融类机构需要上缴给中央银行的存款，而上缴的存款额度占商业银行等金融类机构总存款额度的比例就是法定存款准备金率，中央银行通过调整存款准备金率可以从数量上调节社会中流通的货币总量，从而达到对经济进行调控的目的。本章选择企业并购商誉净额的变动值（DETAGW）作为因变量企业并购商誉的替换指标，它等于企业本年度年末商誉净额值减去企业上年度年末商誉净额值，用来衡量企业并购商誉规模的年度变化情况。

表 4-6 展示了替换主要变量后的多元回归结果。其中，第（1）列和第（5）列是替换了自变量之后的多元回归结果，第（1）列自变量存款准备金率的回归系数为-0.000，且在 1% 水平上显著为负，表明伴随着存款准备金率的下降，企业并购商誉规模将增大，即说明了宽松货币政策对企业商誉规模具有提升作用。第（5）列自变量存款准备金率的回归系数为-0.002，且在 1% 水平上显著为负，交乘项 Reserve×SMP 在 10% 的水平上显著为正，表明结构性货币政策会减弱宽松货币政策对企业并购商誉的提升作用。

表 4-6　替换主要变量后的回归分析

变量	（1）GW	（2）DETAGW	（3）DETAGW	（4）DETAGW	（5）GW
Reserve	-0.000*** (-2.598)				-0.002*** (-10.932)
Loan		-0.001** (-2.399)			
M2			0.000*** (2.598)		
RM2				0.002*** (10.799)	
Reserve×SMP					0.000* (1.659)
SMP					-0.000 (-0.019)
Size	0.004*** (6.199)	0.001*** (3.973)	0.003*** (10.085)	0.008*** (12.658)	0.011*** (19.982)
Lev	-0.044*** (-12.259)	-0.007*** (-5.307)	-0.010*** (-6.978)	-0.007*** (-2.927)	-0.061*** (-18.761)

续表

变量	（1）	（2）	（3）	（4）	（5）
	GW	DETAGW	DETAGW	DETAGW	GW
Firstshr	−0.000***	−0.000***	−0.000***	−0.000***	−0.001***
	（−16.269）	（−5.847）	（−5.474）	（−4.727）	（−17.731）
Dual	0.003**	0.001***	0.001***	0.000	0.004***
	（2.389）	（3.067）	（2.612）	（0.162）	（3.789）
ROA	−0.148***	−0.031***	−0.057***	−0.027***	−0.197***
	（−10.240）	（−5.070）	（−9.162）	（−3.176）	（−13.552）
Growth	0.032***	0.015***	0.015***	0.013***	0.032***
	（16.742）	（26.494）	（26.345）	（20.271）	（23.756）
Board	−0.006**	−0.001	−0.002	−0.003	−0.015***
	（−2.290）	（−0.953）	（−1.438）	（−1.440）	（−6.022）
BTM	−0.002	−0.000	−0.009***	−0.001	−0.006**
	（−0.633）	（−0.389）	（−8.470）	（−0.551）	（−2.272）
PEG	0.004***	0.004**	0.003	0.001	0.007
	（2.942）	（1.993）	（1.598）	（0.598）	（1.515）
Big4	0.002	0.000	−0.001	−0.000	−0.002
	（1.188）	（0.337）	（−0.848）	（−0.135）	（−1.098）
SOE	−0.015***	−0.003***	−0.004***	−0.001	−0.022***
	（−17.244）	（−7.104）	（−7.992）	（−0.719）	（−19.698）
_cons	−0.005	−0.004	−0.047***	−0.195***	−0.090***
	（−0.464）	（−0.587）	（−6.938）	（−10.991）	（−6.479）
Year/Industry	控制	控制	控制	控制	控制
样本量	18242	18242	18242	18242	18242
调整后的 R^2	0.288	0.108	0.090	0.023	0.237

注：＊表示在10%水平上显著，＊＊表示在5%水平上显著，＊＊＊表示在1%水平上显著。

第（2）～（4）列是替换了因变量之后的多元回归结果，自变量一年期贷款基准利率、广义货币供应量和广义货币供应量增长率的回归系数分别为−0.001、0.000和0.002，表明货币政策越宽松，企业商誉规模越大。因此，相关多元回归结果证明了本章相关结论具有一定的稳健性。

4.5.2　公司层面聚类分析

本章基于公司层面对多元回归模型进行聚类处理，参考了林钟高和丁茂桓（2017）等的研究，相关多元回归结果如表4-7所示。结果表明，采用聚类回归方法之后，第（1）～（3）列的货币政策自变量一年期贷款基准利率广义货币供应量和广义货币供应量增长率的回归系数分别为 - 0.020、0.001 和 0.003，且都在 1% 水平上显著，支持了本章假设 4-1，说明结果均具有稳健性。第（4）～（6）列中包含结构性货币政策变量的交乘项系数分别为 0.003、-0.001 和 -0.000，且在 1% 或 5% 水平上显著，支持了本章假设 4-2，具有稳健性。综合来看，引入聚类回归方法后，相关结果在符号和显著性上仍然符合预期，表明本章的相关结论具有一定的稳健性。

表 4-7　聚类回归分析

变量	（1）GW	（2）GW	（3）GW	（4）GW	（5）GW	（6）GW
Loan	-0.020*** （-17.307）			-0.016*** （-20.283）		
M2		0.001*** （6.650）			0.002*** （10.220）	
RM2			0.003*** （6.637）			0.003*** （6.637）
Loan×SMP				0.003*** （5.476）		
M2×SMP					-0.001*** （-6.492）	
RM2×SMP						-0.000** （-1.964）
SMP				-0.012*** （-4.535）	0.010*** （5.813）	0.005*** （3.940）
Size	0.004*** （3.445）	0.017*** （9.837）	0.033*** （11.295）	0.006*** （5.954）	0.017*** （9.837）	0.033*** （11.295）

续表

变量	(1)	(2)	(3)	(4)	(5)	(6)
	GW	GW	GW	GW	GW	GW
Lev	−0.044 **	−0.025 ***	−0.017 *	−0.048 ***	−0.025 ***	−0.017 *
	(−7.329)	(−3.162)	(−1.760)	(−7.936)	(−3.162)	(−1.760)
Firstshr	−0.000 **	−0.001 ***	−0.001 ***	−0.001 ***	−0.001 ***	−0.001 ***
	(−8.662)	(−9.943)	(−7.111)	(−9.383)	(−9.943)	(−7.111)
Dual	0.003	0.001	−0.000	0.003	0.001	−0.000
	(1.445)	(0.651)	(−0.209)	(1.585)	(0.651)	(−0.209)
ROA	−0.148 ***	−0.078 ***	−0.046 **	−0.164 ***	−0.078 ***	−0.046 **
	(−7.013)	(−3.777)	(−2.039)	(−7.890)	(−3.777)	(−2.039)
Growth	0.032 *	0.023 ***	0.018 ***	0.031 ***	0.023 ***	0.018 ***
	(15.152)	(14.062)	(11.794)	(14.601)	(14.062)	(11.794)
Board	−0.005	−0.000	0.005	−0.009 **	−0.000	0.005
	(−1.335)	(−0.035)	(0.826)	(−1.999)	(−0.035)	(0.826)
BTM	−0.002	−0.010 **	−0.013 ***	−0.001	−0.010 **	−0.013 ***
	(−0.443)	(−2.406)	(−3.071)	(−0.326)	(−2.406)	(−3.071)
PEG	0.014 *	0.010 ***	0.009 ***	0.011 ***	0.010 ***	0.009 ***
	(3.162)	(3.060)	(2.716)	(2.583)	(3.060)	(2.716)
Big4	0.002	−0.005	0.003	0.001	−0.005	0.003
	(0.680)	(−1.387)	(0.584)	(0.196)	(−1.387)	(0.584)
SOE	−0.015 **	−0.021 ***	−0.007	−0.017 ***	−0.021 ***	−0.007
	(−9.277)	(−8.587)	(−1.366)	(−10.651)	(−8.587)	(−1.366)
_cons	0.125	−0.332 ***	−0.745 ***	0.052 **	−0.363 ***	−0.745 ***
	(5.215)	(−9.651)	(−10.145)	(2.369)	(−10.406)	(−10.145)
Year/Industry	控制	控制	控制	控制	控制	控制
样本量	18242	18242	18242	18242	18242	18242
调整后的 R^2	0.285	0.234	0.307	0.260	0.234	0.307

注：* 表示在10%水平上显著，** 表示在5%水平上显著，*** 表示在1%水平上显著。

4.5.3 民营企业样本检验

产权性质是研究中国企业时需要关注的重要特征，对企业生产经营各方面都具有重要影响。在企业并购活动中，产权性质会对企业的外部融资等产生影响，民营企业在外部资源获取方面将面临更多融资约束（江伟和李斌，2006）。那么，宽松货币政策是否对民营企业的并购活动产生一定的政策效应？鉴于上述分析，为了降低样本选择误差，本章选取民营企业样本来进行多元回归分析。

表 4-8 展示了民营企业样本下货币政策对企业并购商誉影响的多元回归结果。其中，第（1）列到第（3）列是一年期贷款基准利率、广义货币供应量和广义货币供应量增长率与企业并购商誉变量的多元回归结果，其系数都在 1% 水平上显著，表明货币政策越宽松，企业并购商誉规模越大。第（4）列到第（6）列是引入结构性货币政策后的多元回归结果，其交乘项系数的符号符合预期，且一年期贷款基准利率和广义货币供应量与结构性货币政策的交乘项在 1% 水平上显著，说明结构性货币政策的实施可以减弱宽松货币政策所造成的并购商誉增长。综合来看，无论回归样本中是否包括国有企业样本，相关多元回归结果都能验证本章的假设，其结论不会受到影响，因此，本章结果具有一定的稳健性。

表 4-8　民营企业样本回归分析

变量	(1)	(2)	(3)	(4)	(5)	(6)
	GW	GW	GW	GW	GW	GW
Loan	-0.017***			-0.023***		
	(-8.205)			(-24.101)		
M2		0.002***			0.003***	
		(5.729)			(8.804)	
RM2			0.004***			0.004***
			(7.043)			(7.043)
Loan×SMP				0.006***		
				(7.343)		
M2×SMP					-0.001***	
					(-6.055)	
RM2×SMP						-0.000
						(-0.979)
SMP				-0.027***	0.014***	0.005**
				(-6.411)	(6.065)	(2.481)

续表

变量	（1）GW	（2）GW	（3）GW	（4）GW	（5）GW	（6）GW
Size	0.005***	0.020***	0.038***	0.008***	0.020***	0.038***
	（4.865）	（15.875）	（22.865）	（8.382）	（15.875）	（22.865）
Lev	−0.065***	−0.036***	−0.023***	−0.066***	−0.036***	−0.023***
	（−12.825）	（−6.596）	（−3.751）	（−12.973）	（−6.596）	（−3.751）
Firstshr	−0.001***	−0.001***	−0.001***	−0.001***	−0.001***	−0.001***
	（−10.951）	（−14.084）	（−14.080）	（−11.699）	（−14.084）	（−14.080）
Dual	0.004**	0.002	0.000	0.004***	0.002	0.000
	（2.641）	（1.164）	（0.071）	（2.777）	（1.164）	（0.071）
ROA	−0.213***	−0.098***	−0.046**	−0.235***	−0.098***	−0.046**
	（−9.953）	（−4.937）	（−2.187）	（−10.987）	（−4.937）	（−2.187）
Growth	0.045***	0.032***	0.026***	0.044***	0.032***	0.026***
	（22.289）	（20.494）	（16.449）	（21.654）	（20.494）	（16.449）
Board	0.001	0.008*	0.016***	−0.004	0.008*	0.016***
	（0.134）	（1.696）	（2.975）	（−1.031）	（1.696）	（2.975）
BTM	0.009**	0.006	0.002	0.006	0.006	0.002
	（2.041）	（1.332）	（0.333）	（1.402）	（1.332）	（0.333）
PEG	0.019***	0.015***	0.013**	0.020***	0.015***	0.013**
	（2.736）	（2.943）	（2.507）	（2.774）	（2.943）	（2.507）
Big4	−0.000	−0.011**	−0.010	−0.002	−0.011**	−0.010
	（−0.004）	（−2.130）	（−1.521）	（−0.503）	（−2.130）	（−1.521）
_cons	0.063**	−0.442***	−0.920***	0.040	−0.475***	−0.920***
	（2.301）	（−13.172）	（−16.608）	（1.611）	（−14.196）	（−16.608）
Year/Industry	控制	控制	控制	控制	控制	控制
样本量	10677	10677	10677	10677	10677	10677
调整后的 R²	0.304	0.253	0.240	0.274	0.253	0.240

注：＊表示在10%水平上显著，＊＊表示在5%水平上显著，＊＊＊表示在1%水平上显著。

4.5.4 工具变量法

为解决相关结论的内生性问题，本章采用工具变量法来进行多元回归检测。参考 Olivier 等（2017）、陈彦斌等（2013）等的研究，居民收入水平会受到宏观货币政策的影响，宽松的货币会使居民收入有一定增长，居民可支配收入的提升将使居民在满足食品等必需生活支出后，会投入更多资金满足其改善型消费需求，而这种居民消费结构的改变同企业的并购活动并不具有相关关系。工具变量恩格尔系数衡量了居民食品类消费支出占其消费支出总额的比例，一定程度上反映了居民消费结构的变化和生活质量的改善程度。因此，本章采用恩格尔系数作为工具变量，将恩格尔系数作滞后一期处理，再进行两阶段最小二乘多元回归。

表 4-9 展示了工具变量法下货币政策对企业并购商誉影响的多元回归结果。其中，第（1）～（3）列是经过恩格尔系数一阶段回归而估计出的一年期贷款基准利率（PrLoan）、广义货币供应量（PrM2）和广义货币供应量增长率（PrRM2）分别与企业并购商誉变量的多元回归结果，其系数分别为 -0.012、0.002 和 0.002，都在 1% 水平上显著，表明货币政策越宽松，企业并购商誉规模越大。第（4）～（6）列是经过恩格尔系数一阶段回归而估计出的一年期贷款基准利率、广义货币供应量和广义货币供应量增长率下的结构性货币政策效果的多元回归结果，其交乘项系数分别为 0.000、-0.000 和 -0.000，符号符合预期且在 1% 或 10% 水平上显著，说明了结构性货币政策的实施可以减弱宽松货币政策所造成的并购商誉增长。综合来看，相关回归结果不会受到内生性问题的影响，因此，本章结果具有一定的稳健性。

表 4-9　内生性检验

变量	(1)	(2)	(3)	(4)	(5)	(6)
	GW	GW	GW	GW	GW	GW
PrLoan	-0.012*** (-11.620)			-0.016*** (-29.633)		
PrM2		0.002*** (8.328)			0.003*** (15.045)	
PrRM2			0.002*** (8.376)			0.000 (0.271)
PrLoan×SMP				0.000*** (2.923)		

续表

变量	(1)	(2)	(3)	(4)	(5)	(6)
	GW	GW	GW	GW	GW	GW
PrM2×SMP					−0.000***	
					(−6.911)	
PrRM2×SMP						−0.000*
						(−1.886)
Size	0.003**	0.014***	0.028***	0.006***	0.014***	0.028***
	(6.145)	(18.070)	(26.619)	(11.669)	(18.070)	(26.619)
Lev	−0.035***	−0.014***	−0.007*	−0.037***	−0.014***	−0.007*
	(−11.577)	(−4.031)	(−1.801)	(−11.948)	(−4.031)	(−1.801)
Firstshr	−0.000***	−0.001***	−0.001***	−0.000***	−0.001***	−0.001***
	(−13.549)	(−17.323)	(−16.575)	(−15.168)	(−17.323)	(−16.575)
Dual	0.001	0.001	0.001	0.001	0.001	0.001
	(1.025)	(1.183)	(0.976)	(1.216)	(1.183)	(0.976)
ROA	−0.158***	−0.108***	−0.080***	−0.176***	−0.108***	−0.080***
	(−11.534)	(−7.931)	(−5.575)	(−12.758)	(−7.931)	(−5.575)
Growth	0.025***	0.018***	0.015***	0.023***	0.018***	0.015***
	(20.466)	(18.493)	(14.777)	(18.773)	(18.493)	(14.777)
Board	−0.006**	0.002	0.010***	−0.011***	0.002	0.010***
	(−2.549)	(0.667)	(2.762)	(−4.764)	(0.667)	(2.762)
BTM	−0.010**	−0.019***	−0.022***	−0.010***	−0.019***	−0.022***
	(−3.886)	(−7.031)	(−7.744)	(−4.189)	(−7.031)	(−7.744)
PEG	0.008*	0.006*	0.005	0.004	0.006*	0.005
	(1.884)	(1.814)	(1.376)	(0.907)	(1.814)	(1.376)
Big4	0.003	−0.002	0.006*	0.001	−0.002	0.006*
	(1.477)	(−0.756)	(1.674)	(0.640)	(−0.756)	(1.674)
SOE	−0.012***	−0.018***	−0.007**	−0.015***	−0.018***	−0.007**
	(−11.782)	(−10.267)	(−2.416)	(−14.181)	(−10.267)	(−2.416)
_cons	0.071**	−0.276***	−0.623***	0.042***	−0.315***	−0.605***
	(4.660)	(−14.784)	(−21.224)	(3.004)	(−16.951)	(−20.777)
Year/Industry	控制	控制	控制	控制	控制	控制
样本量	17599	17599	17599	17599	17599	17599
调整后的 R^2	0.272	0.229	0.178	0.230	0.229	0.178

注：*表示在10%水平上显著，**表示在5%水平上显著，***表示在1%水平上显著。

4.5.5　去除年份固定效应检验

本书研究的主要变量会受到不随年份变动的相关因素的影响，所以在主回归中控制了年份固定效应。但货币政策的一些周期性固有特征可能会导致在控制年份固定效应后，所构造的货币政策相关指标的解释力度减弱。因此，本章去除年份固定效应后进行了多元回归检验。表 4-10 的结果表明，去除年份固定效应后，第（1）列和第（2）列相关货币政策变量指标符号符合预期，且在 1% 水平上显著，支持了本章假设 4-1，并说明结果具有稳健性。第（3）列和第（4）列中引入结构性货币政策变量，其交乘项系数符号符合预期，且在 1% 水平上显著，也支持了本章假设 4-2，具有稳健性。综合来看，去除年份固定效应后，相关结果在符号和显著性上仍然符合预期，表明本章的相关结论具有一定的稳健性。

表 4-10　去除年份固定效应后的回归分析

变量	(1)	(2)	(3)	(4)
	GW	GW	GW	GW
Loan	-0.016 ***		-0.007 ***	
	(-28.950)		(-13.322)	
M2		0.003 ***		0.003 ***
		(18.787)		(18.455)
Loan×SMP			0.002 ***	
			(3.889)	
M2×SMP				-0.001 ***
				(-8.512)
SMP			-0.006 **	0.012 ***
			(-2.953)	(9.175)
Size	0.007 ***	0.017 ***	0.019 ***	0.016 ***
	(13.604)	(22.576)	(27.160)	(20.097)
Lev	-0.052 ***	-0.024 ***	-0.024 ***	-0.020 ***
	(-16.084)	(-6.576)	(-6.703)	(-5.485)
Firstshr	-0.001 ***	-0.001 ***	-0.001 ***	-0.001 ***
	(-16.040)	(-20.544)	(-21.423)	(-20.705)

续表

变量	（1）	（2）	（3）	（4）
	GW	GW	GW	GW
Dual	0.003***	0.001	0.001	0.001
	（3.000）	（0.984）	（1.020）	（0.868）
ROA	−0.194***	−0.083***	−0.082***	−0.062***
	（−13.803）	（−6.257）	（−6.041）	（−4.611）
Growth	0.031***	0.023***	0.022***	0.023***
	（22.997）	（22.292）	（21.734）	（21.696）
Board	−0.010***	−0.001	−0.003	−0.000
	（−4.031）	（−0.264）	（−0.918）	（−0.022）
BTM	−0.012***	−0.009***	−0.005**	−0.001
	（−4.737）	（−4.281）	（−2.027）	（−0.318）
PEG	0.015***	0.011***	0.010***	0.010***
	（3.222）	（3.292）	（3.101）	（3.083）
Big4	−0.000	−0.006*	−0.006**	−0.005*
	（−0.070）	（−1.948）	（−2.160）	（−1.718）
SOE	−0.018***	−0.021***	−0.022***	−0.020***
	（−16.315）	（−11.245）	（−12.206）	（−10.827）
_cons	0.029**	−0.378***	−0.301***	−0.361***
	（2.003）	（−19.664）	（−15.236）	（−18.689）
Industry	控制	控制	控制	控制
样本量	18242	18242	18242	18242
调整后的 R^2	0.255	0.214	0.204	0.219

注：*表示在10%水平上显著，**表示在5%水平上显著，***表示在1%水平上显著。

4.6　货币政策对企业并购商誉的作用机制检验

本章在分析货币政策对企业并购商誉的作用机制时，参考了 Baron 和 Kenny（1986）以及温忠麟和叶宝娟（2014）等的研究，采用检验中介效应的逐步回归方法来对作用机制进行检测。根据理论分析与研究假设，本书认为，货币政策通过提升企业信贷规模和提高企业风险承担水平两个渠道来影响企业并购商誉。一方面，宽松货币政策使企业能够获取更多的并购信贷资金，这将带动并购需求的快速扩大，继而引发对并购商誉的非理性高额确认。另一方面，宽松货币政策提高了企业的风险承担水平，这让企业可以为了获取更高的未来超额收益而投资商誉金额高的并购项目。上述两个方面都造成了宽松货币政策下企业商誉的增长。

基于以上方法和推理，对中介效应的检测依据如下三个步骤进行：首先，对货币政策与企业并购商誉进行多元回归检测［见表 4-11 第（1）列和表 4-12 第（1）列］。其次，对货币政策与相关中介变量进行多元回归检测［见表 4-11 第（2）列和表 4-12 第（2）列］。最后，联合相关中介变量与货币政策同时对企业并购商誉进行多元回归检测［见表 4-11 第（3）列和表 4-12 第（3）列］。

用现金流量表下"取得借款收到的现金"值加上 1 后再取自然对数来定义企业信贷规模（BankLoan）。企业风险承担水平（Risk）参考了 Faccio 等（2011）、李小荣和张瑞君（2014）等的研究，首先用每家上市企业 ROA 减去同行业同年度的 ROA 均值以消除行业和经济周期的影响；其次基于调整的 ROA 计算上市企业连续三年滚动期间内最大的与最小的调整 ROA 之差额，利用该差额值来表示企业风险承担水平，该值越大表示企业资产收益率波动性越大，企业风险承担水平越高。鉴于不同货币政策工具虽然在传导效率上有所差异，但是在传导机制上区别不大（张成思和计兴辰，2019），且我国当前货币政策由过去的利用数量型货币政策直接调控货币总量为主逐步转为利用利率等价格型货币政策进行间接调控（贾盾等，2019），因此，选取价格型货币政策指标一年期贷款基准利率作为代表变量进行后续分析。

相关多元回归结果如表 4-11 和表 4-12 所示，依据中介效应的逐步回归方法的检测步骤，首先从表 4-11 第（1）列和表 4-12 第（1）列可以看出，货币政策变量一年期贷款基准利率与企业并购商誉变量的回归系数在 1% 水平上显著为负，表明货币政策越宽松，企业商誉规模越大。其次从表 4-11 第（2）列和表 4-12 第（2）列可以看出，货币政策变量一年期贷款基准利率与中介变量企业信贷规模和企业风险承担水平的回归系数都在1%水平上显著为负，表示货币政策越宽松，企业信贷规模越大，企业风险承担水平也越高。最后从表4-11第（3）列和表4-12第（3）列可以看出，在模型中同时加入货币政策变量一年期贷款基准利率、中介变量企业信贷规模和企业风险承担水平后，对因变量企业并购商誉都具有显著影响。逐步回归结果表明，中介变量企业信贷规模和企业风险承担水平在货币政策对企业商誉规模的影响中具有不完全中介效应。因此，证明了货币政策通过企业信贷渠道和企业风险承担水平渠道来影响企业并购商誉。

表4-11 货币政策对企业并购商誉的作用机制检验——企业信贷渠道

变量	（1）	（2）	（3）
	GW	BankLoan	GW
Loan	-0.022***	-0.346***	-0.021***
	（-19.119）	（-3.504）	（-18.883）
BankLoan			0.001***
			（11.224）
Size	0.003***	1.253***	0.002***
	（5.506）	（24.325）	（3.402）
Lev	-0.047***	12.384***	-0.059***
	（-14.431）	（44.301）	（-17.300）
Firstshr	-0.000***	-0.019***	-0.000***
	（-13.767）	（-6.916）	（-13.210）
Dual	0.003***	-0.059	0.003***
	（3.092）	（-0.626）	（3.156）
ROA	-0.131***	-19.199***	-0.112***
	（-9.004）	（-15.227）	（-7.692）
Growth	0.031***	0.355***	0.031***
	（23.356）	（3.096）	（23.170）
Board	-0.005**	0.453**	-0.006**
	（-2.230）	（2.136）	（-2.419）
BTM	-0.003	-0.324	-0.003
	（-1.035）	（-1.282）	（-0.930）

续表

变量	（1）	（2）	（3）
	GW	BankLoan	GW
PEG	0.013 ***	0.982 **	0.013 ***
	（3.044）	（2.560）	（2.837）
Big4	0.001	−0.197	0.001
	（0.615）	（−1.089）	（0.710）
SOE	−0.014 ***	−0.597 ***	−0.014 ***
	（−12.757）	（−6.225）	（−12.260）
_cons	0.140 ***	−9.895 ***	0.150 ***
	（8.619）	（−7.028）	（9.234）
Year/Industry	控制	控制	控制
样本量	17558	17558	17558
调整后的 R^2	0.296	0.387	0.301

注：* 表示在 10% 水平上显著，** 表示在 5% 水平上显著，*** 表示在 1% 水平上显著。

表 4-12　货币政策对企业并购商誉的作用机制检验——风险承担水平渠道

变量	（1）	（2）	（3）
	GW	Risk	GW
Loan	−0.022 ***	−0.015 ***	−0.021 ***
	（−19.119）	（−10.893）	（−18.430）
Risk			0.049 ***
			（8.016）
Size	0.003 ***	0.004 ***	0.003 ***
	（5.506）	（5.963）	（5.149）
Lev	−0.047 ***	0.007 *	−0.047 ***
	（−14.431）	（1.667）	（−14.558）
Firstshr	−0.000 ***	0.000	−0.000 ***
	（−13.767）	（1.502）	（−13.882）
Dual	0.003 ***	0.001	0.003 ***
	（3.092）	（0.655）	（3.058）
ROA	−0.131 ***	−0.275 ***	−0.117 ***
	（−9.004）	（−15.451）	（−8.028）

续表

变量	（1）GW	（2）Risk	（3）GW
Growth	0.031 ***	-0.001	0.031 ***
	（23.356）	（-0.645）	（23.437）
Board	-0.005 **	0.003	-0.006 **
	（-2.230）	（1.061）	（-2.298）
BTM	-0.003	-0.011 ***	-0.002
	（-1.035）	（-3.147）	（-0.846）
PEG	0.013 ***	0.007	0.013 ***
	（3.044）	（1.355）	（2.967）
Big4	0.001	-0.004	0.001
	（0.615）	（-1.571）	（0.712）
SOE	-0.014 ***	0.007 ***	-0.015 ***
	（-12.757）	（5.498）	（-13.102）
_cons	0.140 ***	-0.042 **	0.142 ***
	（8.619）	（-2.103）	（8.761）
Year/Industry	控制	控制	控制
样本量	17558	17558	17558
调整后的 R^2	0.296	0.233	0.298

注：*表示在10%水平上显著，**表示在5%水平上显著，***表示在1%水平上显著。

4.7 拓展性分析

4.7.1 货币政策对企业并购商誉增速的影响

本章前面部分的实证结果表明，宽松的货币政策对企业并购商誉规模具有提升作用，那么货币政策是否会进一步影响企业并购商誉的增长速度呢？

基于此，本章选取企业并购商誉的年度增长率（RGW）作为企业并购商誉增速的变量来进行多元回归分析，企业并购商誉的年度增长率用企业当年末并购商誉净额减去企业上年末并购商誉净额之差再除以企业上年末并购商誉净额来表示。

表 4-13 展示了货币政策对企业并购商誉增长速度影响的多元回归结果。其中，第（1）列是价格型货币政策变量一年期贷款基准利率与企业并购商誉增速变量的多元回归结果，其系数为 -0.199，在 10% 水平上显著为负，表明随着一年期贷款基准利率的下降，企业并购商誉增速也将不断加快。第（2）列是数量型货币政策变量广义货币供应量增长率与企业并购商誉增速变量的多元回归结果，其系数为 0.275，且在 1% 水平上显著为正，表明随着广义货币供应量的年均增长速度不断提高，企业并购商誉增长速度会相应加快。

表 4-13　货币政策对企业并购商誉增速的影响

变量	(1)	(2)
	RGW	RGW
Loan	-0.199 *	
	(-1.902)	
RM2		0.275 ***
		(6.702)
Size	0.188 ***	0.963 ***
	(3.427)	(6.591)
Lev	-0.502 *	-0.888
	(-1.682)	(-1.581)
Firstshr	0.001	-0.003
	(0.203)	(-0.319)
Dual	0.142	0.039
	(1.418)	(0.227)
ROA	-3.436 ***	-6.614 ***
	(-2.584)	(-3.400)
Growth	2.081 ***	1.886 ***
	(16.831)	(13.246)

续表

变量	（1）	（2）
	RGW	RGW
Board	0.068	−0.103
	（0.301）	（−0.217）
BTM	0.015	0.150
	（0.056）	（0.377）
PEG	0.358	0.086
	（0.865）	（0.197）
Big4	−0.124	−0.150
	（−0.642）	（−0.314）
SOE	−0.639***	−0.711*
	（−6.207）	（−1.800）
_cons	−1.794	−25.199***
	（−1.196）	（−6.169）
Year/Industry	控制	控制
样本量	18242	18242
调整后的 R^2	0.033	0.166

注：*表示在10%水平上显著，**表示在5%水平上显著，***表示在1%水平上显著。

综合来看，多元回归结果表明，货币政策越宽松，企业并购商誉的增速也将越快，因此，宽松的货币政策会引发企业并购商誉规模和增速的同时增长。

4.7.2 货币政策对企业超额商誉的影响

由于实务中的企业并购商誉在金额确认上存在较大的主观性和操纵空间，在现行的企业会计准则规定下，只将并购方支付的合并成本与所享有的被并方公允价值的份额之差确认为商誉，这个价差之中会掺杂并购市场非理性的"同伴效应"（傅超等，2015）、管理层的代理成本（杜兴强等，2011）等偏离商誉给企业未来带来"超额收益"本质属性的其他影响商誉价值公允客观计量的因素。因此，有学者将企业并购商誉进一步划分为能公允客观反映"超额收益"的正常并购商誉部分和由市场非理性因素或代理问题等形成的异常并购商誉部分，而这部分异常并购商誉被称为"超额商誉"。

本章前面部分的检验发现了宽松货币政策对企业并购商誉的规模和增速都具有一定的提升作用，若进一步将并购商誉区分为正常并购商誉和异常的超额并购商誉，那么从正常并购商誉角度分析，本书认为，在并购市场上存在一些优质并购标的，其本身确实能够带给主并企业未来更高的超额收益，因此在宽松货币政策推动下，更充裕的资金供给和风险承担水平的提升使主并企业更有能力和意愿购买这些本就值得支付更高金额的优质并购项目，即宽松货币政策可以助力正常的高商誉金额并购项目被企业购买，这也造成了企业并购商誉的增长。而从异常的超额并购商誉角度分析来看，并购交易市场因资金短期过度增长而存在"同伴效应"等非理性因素（傅超等，2015），以及企业过分乐观预期和过度自信问题（李丹蒙等，2018），这些风险诱导因素可能会造成企业异常超额商誉的增长进而导致企业总体并购商誉增长。

鉴于以上分析，有必要进一步考察货币政策对企业超额商誉的影响效果。因此，本书参考 Ramanna（2008）等对超额商誉的定义，用企业当年末的商誉净额减去企业当年度所在行业的商誉净额的中位数来定义企业当年度的超额商誉（GW_excess）。

表 4-14 展示了货币政策对企业超额商誉影响的多元回归结果。其中，第（1）列是价格型货币政策变量一年期贷款基准利率与企业超额商誉变量的多元回归结果，其系数为 -0.007，在 1% 水平上显著为负，表明随着一年期贷款基准利率的下降，企业超额商誉将不断增大。第（2）列是数量型货币政策变量广义货币供应量增长率与企业超额商誉变量 GW_excess 的多元回归结果，其系数为 0.004，且在 1% 水平上显著为正，表明随着广义货币供应量的年均增长速度不断提高，企业超额商誉会不断增大。

表 4-14　货币政策对企业超额商誉的影响

变量	(1)	(2)
	GW_excess	GW_excess
Loan	-0.007^{***}	
	(-6.625)	

续表

变量	（1）	（2）
	GW_excess	GW_excess
RM2		0.004 ***
		（13.847）
Size	0.003 ***	0.026 ***
	（5.516）	（26.524）
Lev	−0.042 ***	−0.019 ***
	（−14.231）	（−5.047）
Firstshr	−0.000 ***	−0.001 ***
	（−14.141）	（−15.811）
Dual	0.003 ***	0.001
	（3.208）	（0.455）
ROA	−0.140 ***	−0.033 **
	（−10.583）	（−2.508）
Growth	0.029 ***	0.017 ***
	（23.392）	（16.984）
Board	−0.003	0.006 *
	（−1.547）	（1.899）
BTM	−0.001	−0.010 ***
	（−0.469）	（−3.531）
PEG	0.003	−0.001
	（0.609）	（−0.177）
Big4	0.002	0.001
	（1.215）	（0.212）
SOE	−0.014 ***	−0.008 ***
	（−13.491）	（−2.803）
_cons	0.034 **	−0.621 ***
	（2.278）	（−22.259）
Year/Industry	控制	控制
样本量	18242	18242
调整后的 R^2	0.125	0.028

注：*表示在10%水平上显著，**表示在5%水平上显著，***表示在1%水平上显著。

综合来看，多元回归结果表明，货币政策越宽松，企业超额商誉的规模越大，因此，结合前面部分的实证结果，宽松的货币政策对企业并购商誉的影响是系统而全面的，会对企业并购商誉的规模、增长速度和结构都产生影响。

4.7.3 企业特征对定向降准结构性货币政策的潜在影响分析

本章的实证检验证明了假设4-2，即结构性货币政策会减弱宽松货币政策对企业并购商誉的提升作用。本节希望进一步明确诸如定向降准这类结构性货币政策应该如何制定才能更有效地发挥精准调控资金的效果。

表4-15为自变量存款准备金率（Reserve）、调节变量企业的机构者投资者持股水平（Dummy_InsInvestorProp）和企业的机构投资者持股比例（InsInvestorProp）共同对企业并购商誉（GW）影响的多元回归结果。从自变量和交乘项的结果可以看出，企业中机构投资者持股水平更低（Dummy_InsInvestorProp＝0）或持股比例更低会显著强化存款准备金率下调对企业并购商誉的提升作用。

表4-15 企业特征对定向降准结构性货币政策的潜在影响分析

变量	（1）	（2）
	GW	GW
Reserve	−0.001***	−0.002***
	(−2.669)	(−4.510)
Reserve×Dummy_InsInvestorProp	0.001***	
	(3.018)	
Dummy_InsInvestorProp	−0.019***	
	(−3.200)	
Reserve×InsInvestorProp		0.000***
		(4.637)
InsInvestorProp		−0.001***
		(−4.758)
Size	0.004***	0.004***
	(6.194)	(6.207)

续表

变量	(1)	(2)
	GW	GW
Lev	−0.044***	−0.045***
	(−13.798)	(−13.916)
Firstshr	−0.000***	−0.000***
	(−12.694)	(−12.454)
Dual	0.003***	0.003***
	(2.635)	(2.634)
ROA	−0.148***	−0.149***
	(−10.290)	(−10.349)
Growth	0.032***	0.032***
	(24.000)	(24.013)
Board	−0.006**	−0.006**
	(−2.297)	(−2.280)
BTM	−0.002	−0.003
	(−0.788)	(−0.879)
PEG	0.013***	0.013***
	(3.022)	(2.978)
Big4	0.002	0.002
	(1.021)	(1.108)
SOE	−0.015***	−0.015***
	(−13.385)	(−13.189)
_cons	−0.000	0.021
	(−0.017)	(1.357)
Year/Industry	控制	控制
样本量	18242	18213
调整后的 R^2	0.288	0.289

注：*表示在10%水平上显著，**表示在5%水平上显著，***表示在1%水平上显著。

上述结果表明，结构性货币政策的制定除了需要限定政策专属对象外，还需要对货币资金使用用途作相关限定。因为以定向降准这一结构性货币政策为例，如果该政策只限定专属对象而没有限定资金使用用途，那么当政策开始实施后，如果政策受益企业缺少相关机构投资者等监督力量的制约，就可能会让这些企业将资金用于并购活动进而造成高额商誉风险。

因此，本书认为，在制定结构性货币政策时，一方面需要对货币使用对象作相关限定，如需要关注那些符合该政策享受条件企业的特征，因为这些企业的异质性特征也会影响到结构性货币政策能否发挥对资金的精准调控效果。另一方面还需要对资金使用用途等进行限定，这样才能提升结构性货币政策的精准性和高效性。

4.8　本章小结

近年来，企业并购商誉规模不断增长且引发了一系列的并购商誉大额减值风险事件，实务中在确认企业并购商誉的金额上存在较大的主观性和操纵空间，基于防范化解商誉规模过快增长所带来的金融风险的需要，研究商誉确认的影响因素受到了学术界和实务界的关注，而已有文献较少从宏观角度来考察货币政策对企业并购商誉的影响效果和作用机制。因此，鉴于上述现实背景和理论背景，本章基于货币传导机制理论、商誉理论和资源依赖理论等，选择 2008~2020 年沪深 A 股非金融类上市公司作为研究样本，分析货币政策对企业并购商誉规模的影响效果和作用机制，并进一步研究了货币政策下企业并购商誉增速、异常超额商誉等细分内容，同时从企业特征的视角对结构性货币政策的有效性进行了探讨。

本章研究发现：①货币政策越宽松，企业商誉规模越大。②结构性货币政策会减弱宽松货币政策对企业并购商誉的提升作用。在进行稳健性测试后，相关结果依然符合预期，说明本章结果具有稳健性。之后的拓展性分析进一步发现：首先，货币政策通过企业信贷渠道和企业风险承担水平渠道来影响企业并购商誉。其次，宽松的货币政策不仅会使企业并购商誉规模增大，还会加快企业并购商誉增速，提高企业异常超额商誉规模。最后，在制定结构性货币政策时需要考虑政策适用对象的异质性特征，以此来提升货币政策的精准性和有效性。

本章的研究贡献在于：一方面，从宏观货币政策角度探讨其对微观企业并购商誉的影响，是对宏微观研究的有益补充，完善了货币政策经济后果和并购商誉影响因素相关研究。另一方面，本章研究揭示了总量型货币政策工具和结构性货币政策工具对企业并购商誉的影响效果差异，并进一步检验了货币政策对并购商誉影响的作用机制以及如何提升结构性货币政策的有效性，这些结论都有助于在现实中制定更加精准有效的货币政策来防范化解由于企业商誉过快增长所引发的一系列金融经济风险。

第 5 章　异质性视角下货币政策对企业并购商誉的影响差异研究

5.1　引言

伴随着中国经济的近几十年来的高速发展，企业所面临的内外部发展环境不断发生转变。基于资源依赖理论，企业的发展除了依靠自身资源禀赋外，也会依赖于企业所处的外部环境所能为其提供的资源。不断转变的内外部环境使企业在进行经营、融资和投资活动时会受到不同程度的影响。第 4 章的研究发现了外部宏观货币政策会对企业并购活动形成的商誉产生影响，同时，货币政策的效应需要经过特定的渠道机制才能传递到企业的并购活动中。而政策的传导往往会受到各种不同因素的影响，从而导致最终作用于企业等相关方的政策效果具有差异性。具体到货币政策对企业并购商誉的影响层面，货币政策的实施旨在为并购企业在内的各并购活动参与主体提供并购交易所必需的货币等金融资源支持，中国人民银行作为代表中央政府履行货币政策日常监管和执行的主要机构，其制定的货币政策需要借助以银行为代表的各种金融中介机构组织等硬件要素以及金融资源配置相关规则制度等软件要素的共同配合才能有效发挥作用，不同地区、行业、企业、个人等因素在执行中央货币政策过程中又存在不同程度的差异，最终导致货币政策对并购商誉的影响具有异质性。

鉴于上述分析，需要从企业所面临的内外部环境差异入手，进一步考察环境异质性背景下货币政策对于企业并购商誉的影响差异。本章将企业所处的内外部环境分解为地区环境层面、行业环境层面、企业环境层面和个人环境层面四个维度。其中，地区环境层面以企业所处地区的金融发展水平为分析对象，考察区域金融水平异质性条件下货币政策对企业并购商誉的影响；行业环境层面以企业所处行业的竞争程度为分析对象，考察行业竞争程度异质性条件下货币政策对企业并购商誉的影响；企业环境层面以企业代理成本为分析对象，考察企业代理成本异质性条件下货币政策对企业并购商誉的影响；个人环境层面以企业高管所具有的金融背景或经历为分析对象，考察企业的金融背景高管异质性条件下货币政策对企业并购商誉的影响。

本章从区域金融发展、行业竞争程度、企业代理成本和金融背景高管四个维度出发研究货币政策对商誉的影响，有助于完善商誉影响因素相关研究。此外，上述四个维度都与货币政策有较强关系，值得进行深入研究分析，其中，地区环境层面的区域金融水平和个人环境层面的企业金融背景高管会着重影响货币政策所提供的金融要素资源的配置和获取，而行业环境层面的行业竞争程度和企业环境层面的企业代理成本则会影响对货币政策所提供的金融要素资源的需求强度和利用效率。

本章的研究意义在于：一方面深化和丰富了商誉影响因素相关研究，从地区、行业、企业、个人四个层面构建了较为系统全面的商誉影响因素分析框架，并选取了区域金融水平、行业竞争程度、企业代理成本和金融背景高管四个维度代理变量来进行深入研究。另一方面深化了对货币政策影响企业并购商誉的认识，在理论分析货币政策执行效果时，需要关注企业所处的内外部环境异质性影响。这也为在实务中制定更精准有效的货币政策和管控大额商誉风险提供了新的视角。

5.2 理论分析与研究假设

5.2.1 货币政策、区域金融水平和企业并购商誉

可用区域金融水平衡量该区域内金融要素资源的生产转化和配置使用效率。伴随着我国经济的不断发展和改革的不断深入，我国各地的金融要素资源不断完善，但各种金融要素资源还不充分完善，各地区域金融水平参差不齐，这导致不同区域对货币等相关金融要素在获取、分配和使用等方面存在较大差异（申俊喜等，2011）。

宏观货币政策对微观企业并购活动产生影响的过程涉及货币资源的传递、分配、获取和使用等环节，由于各地区金融发展水平存在差异，各地企业所能实际获取和配置的货币资源就会受到不同程度的影响，进而影响企业并购活动中的商誉。具体而言，当企业所处地区的区域金融水平高时，宽松货币政策带来的货币资金在该地区内的配置效率将更高（谢军和黄志忠，2014；王晓亮等，2019），有并购需求的企业从金融市场获取相关资金的渠道将更多，可以更便捷地得到银行等金融机构提供的信贷服务和支持，这使金融水平更高地区的企业能够更快速和更充分地获得并购所需的外部融资。当企业所处地区的区域金融水平低时，宽松货币政策在该区域内实施的进度更慢、效果更低，货币的流动性和获取便捷性因受到区域内金融配置不平衡不充分的限制而减弱，有并购需求的企业在进行外部融资时不仅难以在短期内获取足量资金，对于民营企业而言，还可能会受到信贷歧视而难以享受宽松货币政策红利（陈耿等，2015）。较低的区域金融水平对宽松货币政策的制约也会减弱企业选择高商誉并购项目的偏好，因为一旦该项目未来产生高风险，那么企业会更难获得外部融资支持。

总而言之，宽松货币政策对并购商誉的影响会受到区域金融水平的调节，当政策在区域金融水平高的地区实施时，将会增强货币政策对并购资金规模

和企业风险承担水平的提升作用。同时结合上一章的结论可知，资金规模和企业风险承担水平的提升都有助于商誉规模的扩大，因此，总体来看，高水平的区域金融发展会加强宽松货币政策对企业商誉规模的正向影响。基于上述分析，本章提出如下假设：

假设 5-1：区域金融水平越高，宽松货币政策对企业并购商誉的提升作用越强。

5.2.2　货币政策、行业竞争程度和企业并购商誉

企业的发展不仅取决于自身内部所能依赖的资源禀赋，也受到诸如行业整体发展状况等外部环境的影响。不同行业的企业在数量和质量等方面都存在差异，这导致不同行业的竞争程度有所不同。对处于竞争程度激烈市场的企业而言，行业内竞争对手实力更强大、竞争对手数量更多，这使身处其中的企业盈利空间更小，发展面临的资源约束更强，持续性的生存发展压力促使行业竞争程度更高的企业更加积极地寻找缓解竞争压力的方式方法（Jiang等，2015；高磊，2018）。企业并购可以成为这些企业扩大市场占有份额，提高资源利用效率和增强企业盈利可持续性的有效途径。具体而言，同一行业内部的企业横向并购有助于企业减少行业内竞争对手数量，提升企业市场占有率和定价权；对企业上下游全产业链所实施的纵向并购有助于提高企业对从原料端到生产端再到销售端的全链条控制能力，增强企业发展韧性和资源整合配置能力；对不同行业、产业实施的多元化并购有助于企业开拓新的利润增长点，缓解当前行业高程度的低效竞争引发的可持续发展困境。

因此，当企业身处竞争程度更高的行业中时，企业的并购意愿会更加强烈。同时，商誉反映了并购资产能为企业未来带来的超额收益（Wen 和 Moehrle，2016；傅超等，2016；林勇峰等，2017），高行业竞争度的企业更期望通过并购获得更多的未来超额收益，缓解当前的行业竞争约束，因而商誉金额较高的并购项目对其具有更强的吸引力。宽松货币政策为企业带来了更充分的并购资金支持，同时也提升了企业的风险承担水平（林建松等，2017），这为有更强烈选择高商誉并购项目意愿的企业提供了从并购资金到风险承担的多重支持。此外，处在竞争程度高的行业的企业在宽松货币政策下并购需

求的提升会带来并购项目供给的相对短缺，这些企业可能还会被迫通过支付更多金额来获取并购项目，这也加剧了商誉金额的增大。总而言之，行业竞争程度会加强宽松货币政策对企业商誉规模的正向影响。基于上述分析，本章提出如下假设：

假设5-2：行业竞争程度越高，宽松货币政策对企业并购商誉的提升作用越强。

5.2.3 货币政策、企业代理成本和企业并购商誉

企业代理问题是公司治理研究领域的经典话题，伴随着现代企业发展中企业所有权与经营权的逐步分离，即"两权分离"的产生，企业内部便出现了"代理问题"，并由此形成了企业代理成本。以 Jensen 和 Meckling（1976）为代表的一批学者基于现代企业"两权分离"特征对管理层与股东间的企业第一类代理成本问题进行了开创性研究。管理层与股东间的代理问题主要是指，管理层自身的有限理性和自利性倾向会使其在特定情境下产生攫取私利的动机，从而产生损害企业股东价值和企业价值的道德风险和逆向选择问题，并由此产生了企业代理成本、它主要包括股东为了有效监管管理层而产生的监管成本、企业管理层为维护股东和企业利益而产生的担保成本、企业管理层作为代理人在决策执行过程中因为执行偏差而引发的企业价值损失成本。

在企业并购活动中，企业管理层和企业股东之间的代理问题也普遍存在。企业管理层期望通过并购交易获取私利，这在一定程度上将损害股东利益和企业长期价值。这些管理层私利包括但不限于获取更多的薪酬和增加在职消费福利（Firth，1999；李善民等，2009）、个人职务晋升（Donaldson，1984）、构建个人商业帝国（Jensen 和 Meckling，1976）以及降低高管职业声誉风险和失业风险（Amihud 和 Lev，1981）等方面。

相较于并购溢价较低的并购项目，高商誉的并购项目可以为企业管理层带来更多私人收益，这是因为，相关研究表明，更高的商誉会给企业短期业绩和股价带来明显的提升作用。例如，Jennings 等（2001）研究发现，并购商誉对企业的股价具有显著的提升作用。郑海英等（2014）研究发现，在并

购交易中支付更高商誉的上市企业会使当期企业业绩出现更大提升。因此，在具有更高代理成本的企业中，企业管理层与企业股东之间的利益一致性会更差，管理层会为了自身短期利益，选择高商誉并购项目来更快速地达成企业股东对业绩、市值等指标的考核任务，并从中获取更快的职务晋升机会（Donaldson，198—）、更多的股票减持收益（潘洪波等，2019）等，虽然这些并购对企业长期价值和股东长远利益具有不利影响（Kim 等，2013）。

结合上一章与相关分析，由于宽松货币政策对企业并购商誉有显著提升作用，因此，当宽松货币政策作用于代理成本更高的企业时，管理层出于私利会更加充分地利用宽松货币政策所带来的资金资源投资更多的高商誉并购项目。基于上述分析，本章提出如下假设：

假设 5-3：企业代理成本越高，宽松货币政策对企业并购商誉的提升作用越强。

5.2.4　货币政策、金融背景高管和企业并购商誉

企业高管包含董事、监事和高级管理人员，需要对企业重大战略和事项进行决策、监管等。企业高管一方面掌握着分配和使用企业各项资源要素的权利，另一方面也需要不断创造和获取新的资源要素来满足企业未来持续发展壮大的需求。相关研究表明，高管财务背景（姜付秀和黄继承，2013）、高管从军经历（赖黎等，2017）、高管海外背景（袁然和魏浩，2022）等高管个人背景经历都会对高管创造、获取、使用和分配企业各项资源要素来开展企业经营发展活动产生重要影响。

高管的金融背景是高管个人特质的一个重要组成部分，高管的金融背景主要指企业董事、监事及高级管理人员过去或当前在银行、保险企业、证券企业、基金企业或信托企业等金融机构任职的经历（邓建平和曾勇，2011）。具有金融背景特质的企业高管在缓解企业融资困境（邓建平和曾勇，2011）、增加实体企业金融化程度（杜勇等，2019）、提高企业内部控制质量（Oradi 等，2020）等方面都会表现更好，其中，金融背景高管与相关金融机构形成的非正式社会关系联结发挥了重要作用。具有金融背景的高管过去或现在长期任职于金融机构，并大都身居要职，这有助于他们与金融行业重要的人、

财、物资源建立多渠道的正式或非正式联系,从而具备稀缺的金融社会资本,这种社会资本使他们具有优先获取和使用金融业的稀缺资源并从中获取利益的能力(Coleman,1988;Guner 等,2008)。宽松货币政策下,企业中更多的金融背景高管将更能发挥这些高管所具有的专属金融社会资本的作用,更高效地帮助所在企业完成并购外部融资。对于高商誉并购项目而言,更多的金融背景高管所能发挥的外部融资促进作用将更显著。此外,更多的金融背景高管能够帮助企业在遭受发展困境时从外部获得更充足的资金支持,这在一定程度上增强了企业的风险承担水平,对于投资商誉金额高的高风险并购项目也具有促进作用。基于上述分析,本章提出如下假设:

假设 5-4:企业中金融背景高管越多,宽松货币政策对企业并购商誉的提升作用越强。

5.3　实证研究设计

5.3.1　样本选择与数据处理

我国在 2007 年才首次规定需将商誉作为独立会计科目进行披露,鉴于2007 年能够首次对商誉进行准确完整披露的上市公司还不多,本书选择2008~2020 年沪深 A 股所有非金融类上市公司作为初始研究样本。货币政策数据、并购活动相关数据和企业财务信息等数据来自 CSMAR 数据库和 Wind数据库,同时利用中国人民银行、国家统计局、沪深交易所、企业官网等渠道对货币政策、企业并购商誉等关键变量数据进行手工收集完善。

针对初始样本进行了如下处理:首先,删除金融保险类上市公司,主要是由于该行业上市企业的资本结构与其他行业上市企业存在较大差异。其次,删除 ST 和*ST 等特殊类型的上市公司,主要是由于这些企业具有的特殊情况会影响其并购投资活动。再次,删除考察时期内数据缺失的样本。最后,本书对相关连续性变量进行了 1% 水平的缩尾处理,以消除变量极端值的影响。

相关数据利用 Excel 和 Stata 等软件进行处理。

5.3.2 模型设计与变量说明

为检验假设 5-1、假设 5-2、假设 5-3 和假设 5-4，本书利用多元回归法构建了多元回归模型，模型构建和变量选取主要参考邓建平和曾勇（2011）、陆正飞和杨德明（2011）、王明琳等（2014）、古志辉（2015）、陈创练和戴晓明（2018）、李丹蒙等（2018）、彭俞超等（2018）、齐红倩和李志创（2018）、张成思和计兴辰（2019）等的研究，所有相关变量的具体说明如表 5-1 所示。

表 5-1　变量定义

变量类型	变量名称	变量符号	具体定义
被解释变量	并购商誉	$GW_{i,t}$	i 公司第 t 年度商誉净额除以年末总资产
解释变量	一年期贷款基准利率	$Loan_{t-1}$	中国人民银行公布的一年期贷款基准利率，若当年度有多个值，则按时间为权重取加权平均值，然后作滞后一期处理
	广义货币供应量	$M2_{t-1}$	广义货币 M2 年供应量，然后作滞后一期处理
调节变量	区域金融水平	$FinDev_{i,t}$	中国各省、自治区和直辖市的地区金融机构年末存贷款余额除以相应年度的地区生产总值
	行业赫芬达尔指数	$HHI_{i,t}$	虚拟变量，若企业所在行业的赫芬达尔指数低于当年度企业所在地所有行业的赫芬达尔指数均值则取 1，否则取 0
	企业代理成本	$AC_{i,t}$	i 企业 t 年度的总资产周转率的倒数
	金融背景高管	$FinBack_{i,t}$	i 企业中 t 年度具有金融背景的董监高人数除以董监高总人数
控制变量	公司规模	$Size_{i,t}$	公司期末总资产的自然对数
	负债率	$Lev_{i,t}$	公司资产负债率
	股权结构	$Firstshr_{i,t}$	第一大股东持股数量与公司总股数的比例
	管理层权力	$Dual_{i,t}$	虚拟变量，董事长兼任总经理为 1，否则为 0
	盈利能力	$ROA_{i,t}$	公司年净利润/年末总资产
	成长性	$Growth_{i,t}$	公司营业收入年增长率

续表

变量类型	变量名称	变量符号	具体定义
控制变量	董事会规模	$Board_{i,t}$	董事会人数的自然对数
	账面市值比	$BTM_{i,t}$	总资产除以总市值
	行业估值水平	$PEG_{i,t}$	取分年度分行业的个体公司市盈率与年盈利增长率比值的均值，并除以 10000 以消除数量级差异
	国际四大	$Big4_{i,t}$	虚拟变量，公司聘请"四大"会计师事务所审计取 1，否则取 0
	产权性质	$SOE_{i,t}$	虚拟变量，企业最终实际控制人属性为国有性质的取 1，否则取 0
	行业	Ind	行业虚拟变量，根据证监会《上市公司行业分类指引》（2012 年版），制造业按二级代码分类，其他按一级代码分类
	年度	Year	年度虚拟变量

模型表示如下：

$$GW_{i,t} = a_0 + a_1 MP_{t-1} + a_2 MP_{t-1} \times Regulator_{i,t} + a_3 Regulator_{i,t} +$$

$$a \sum Control\ variables_{i,t} + \varepsilon \qquad (5-1)$$

其中，$GW_{i,t}$ 表示 i 企业在第 t 年度的商誉净额，商誉净额等于商誉减去商誉减值准备后的额。该数据经过资产标准化处理，其值等于 i 企业在 t 年度的商誉净额再除以当年度的资产总额。

自变量 MP_{t-1} 表示货币政策，将货币政策分为两种类型，即价格型货币政策和数量型货币政策。价格型货币政策指标采用一年期的贷款基准利率（Loan），数量型货币政策指标采用广义货币当年度供应总量（M2），广义货币指流通中的货币加上企业、居民的存款和其他存款，其涵盖了所有具有形成现实购买力的货币形式。由于实施货币政策所产生的效果并不能快速见效，存在一定程度的时滞性（姚余栋和李宏瑾，2013；张成思和计兴辰，2019），因此，本书将货币政策相关变量作滞后一期处理。这也在一定程度上缓解了实证模型的内生性问题。

模型（1）中 MP_{t-1} 的系数 a_1 反映了货币政策对企业并购商誉的影响程

度，根据本章的假设推理，当自变量为一年期贷款基准利率时，预期 a_1 系数小于零；当自变量为广义货币供应量时，预期 a_1 系数大于零。因此，a_1 系数综合反映了货币政策越宽松，企业商誉规模越大。

模型中的 $Regulator_{i,t}$ 表示区域、行业、企业、个人四个维度的调节变量指标。其中，区域维度选取区域金融水平"FinDev"来衡量；行业维度选取行业竞争程度指标赫芬达尔指数"HHI"来衡量；企业维度选取企业代理成本"AC"来衡量；个人维度选取金融背景高管"FinBack"来衡量。$Regulator_{i,t}$ 是调节变量，其系数为 a_2，该系数反映了货币政策在不同情境下对企业商誉的影响差异程度。四个调节变量的具体定义如下：

区域维度调节变量为区域金融水平，参考齐红倩和李志创（2018）的研究，用中国各省、自治区和直辖市的地区金融机构年末存贷款余额除以相应年度的地区生产总值来表示区域金融水平。该变量对区域金融资源的结构和总量进行了刻画，反映了区域金融发展程度，其值越高，代表区域金融水平越高。

行业维度调节变量为行业竞争程度，选取衡量行业竞争程度的代表性指标赫芬达尔指数作为虚拟变量的分类基础。赫芬达尔指数由行业中各企业占行业总收入百分比的平方和表示，其值越大，表示行业集中度越高，相应地，行业竞争程度越低。本章的调节变量参考了彭俞超等（2018）的研究，以赫芬达尔指数为基础，设置了虚拟变量，若企业所在行业的赫芬达尔指数低于当年度企业所在所有行业的赫芬达尔指数均值，则取 1，表示企业所在行业的竞争程度高；否则取 0，表示企业所在行业的竞争程度低。

企业维度调节变量为企业代理成本，参考王明琳等（2014）、古志辉（2015）等的研究，用企业总资产周转率的倒数来衡量。企业总资产周转率衡量了企业在管理层日常领导下的运营效率，对其取倒数后，调节变量值越大代表总资产周转率越小，相应地，企业代理成本越高；反之，调节变量值越小代表总资产周转率越大，相应地，企业代理成本越低。

个人维度调节变量为金融背景高管，参考邓建平和曾勇（2011）的研究，用企业中具有金融背景的董监高人数除以企业董监高总人数来衡量。其中，金融背景是指企业董事、监事及高级管理人员中过去或当前在银行、保险企业、证券企业、基金企业或信托企业等金融机构任职的经历。该调节变量的值越大，表示企业中金融背景高管人数占比越高，高管金融关联程度越高；反之，值越小，表示企业中金融背景高管人数占比越低，高管金融关联程度越低。

本章主要考察系数 a_1 和 a_2 之间的关系。具体而言，当 a_1 和 a_2 符号一致时，则 $a_1 < a_1 + a_2$，表示调节变量强化了货币政策与企业商誉之间的相关关系；当 a_1 和 a_2 符号相反时，则 $a_1 > a_1 + a_2$，表示调节变量弱化了货币政策与企业商誉之间的相关关系。根据本章的假设推理，区域金融的高水平发展、行业高竞争程度、企业高代理成本和金融背景高管都可以强化货币政策对于企业商誉的影响，因此，当自变量为一年期贷款基准利率时，即 a_1 系数小于零，则预期 $a_2 < 0$；当自变量为广义货币供应量时，即 a_1 系数大于零，则预期 $a_2 > 0$。

5.4　实证检验结果与分析

5.4.1　变量描述性统计

调节变量的描述性统计数据如表 5-2 所示，部分变量会有缺失，这使不同环境层面下用于实证检验的样本量存在一定差异。区域金融水平变量的标准差为 0.152，最大值为 0.719，中位数为 0.297，最小值为 0.121，说明不同地区之间金融发展程度存在较大差异，而这将对货币政策的实施效果产生影响。行业竞争程度变量的均值为 0.688，标准差为 0.463，最小值为 0，中值和最大值都为 1，这表明，平均来看，行业平均集中度为 68.8%，并且不同行业的竞争程度也具有较大差异。企业代理成本变量的标准差为 1.860，最大值为 11.967，最小值为 0.400，可知代理问题在不同企业都有所存在，但代理成本大小却存在相当大的差异。金融背景高管的均值、最大值、中位数和最小值分别为 0.109、0.923、0.083 和 0，可知样本企业中具有金融背景的高管平均占比为 10.9%，金融背景高管的占比在不同企业中也存在较为明显的差异。

表 5-2　调节变量描述性统计

变量	样本量	均值	标准差	最小值	中值	最大值
FinDev	1875	0.352	0.152	0.121	0.297	0.719
HHI	1842	0.688	0.463	0.000	1.000	1.000
AC	1842	2.372	1.860	0.400	1.846	11.967
FinBack	1751	0.109	0.103	0.000	0.083	0.923

5.4.2　相关性分析

调节变量的相关性分析结果如表 5-3 所示，分别选取了价格型货币政策工具一年期贷款基准利率和数量型货币政策工具广义货币供应量来作为货币政策指标进行分析。从结果可以看出，调节变量行业竞争程度变量、企业代理成本变量、金融背景高管变量与价格型货币政策工具一年期贷款基准利率所形成的交乘项与相关系数分别为 -0.048、-0.020 和 -0.062，且都在 1% 的水平上显著为负，与预期相符；区域金融水平变量（FinDev）与一年期贷款基准利率 Loan 所形成交乘项的相关系数符号为正，需要考虑引入控制变量后的具体情况。四个调节变量与数量型货币政策工具广义货币供应量所形成交乘项的相关系数分别为 0.308、0.198、0.207 和 0.126，且在 1% 的水平上显著为正，因此，相关性分析结果基本支持了本章的研究假设。

表 5-3　调节变量相关性分析

变量	GW	FinDev×Loan	FinDev×M2	HHI×Loan	HHI×M2	AC×Loan	AC×M2
GW	1						
FinDev×Loan	0.05***	1					
FinDev×M2	0.30***	0.498***	1				
HHI×Loan	-0.08***	0.080***	-0.127***	1			
HHI×M2	0.19***	-0.002	0.395***	0.622***	1		
AC×Loan	-0.02***	0.057***	-0.103***	0.062***	-0.065***	1	
AC×M2	0.20***	0.000	0.367***	-0.078***	0.233***	0.682***	1

续表

变量	GW	FinDev×Loan	FinDev×M2	HHI×Loan	HHI×M2	AC×Loan	AC×M2
FinBack×Loan	-0.062***	0.116***	-0.103***	0.025***	-0.095***	0.204***	0.052***
FinBack×M2	0.126***	0.010	0.310***	-0.097***	0.173***	0.057***	0.293***

变量	FinBack×Loan	FinBack×M2
FinBack×Loan	1	
FinBack×M2	0.711***	1

注：*表示在10%水平上显著，**表示在5%水平上显著，***表示在1%水平上显著。

5.4.3　多元回归分析

5.4.3.1　货币政策、区域金融水平和企业并购商誉

表5-4展示了区域金融水平对货币政策与企业并购商誉之间关系的调节作用。其中，第（1）列是区域金融水平影响下价格型货币政策变量一年期贷款基准利率对企业并购商誉变量影响的多元回归结果，自变量一年期贷款基准利率的系数为-0.017，在1%水平上显著为负，与区域金融水平变量的交乘项系数为-0.002，其交乘项符号符合预期但显著性不强。第（2）列是区域金融水平影响下数量型货币政策变量广义货币供应量对企业并购商誉变量影响的多元回归结果，自变量广义货币供应量的系数为0.001，在1%水平上显著为正，与区域金融水平变量的交乘项系数为0.001，在10%水平上显著为正，符号与显著性都符合预期。

表5-4　货币政策、区域金融水平和企业并购商誉

变量	(1)	(2)
	GW	GW
Loan	-0.017***	
	(-9.093)	
FinDev×Loan	-0.002	
	(-0.583)	

续表

变量	（1）	（2）
	GW	GW
M2		0.001***
		（3.145）
FinDev×M2		0.001*
		（1.718）
FinDev	0.041*	0.012
	（1.830）	（1.240）
Size	0.003***	0.003***
	（4.251）	（4.266）
Lev	−0.034***	−0.034***
	（−8.883）	（−8.907）
Firstshr	−0.000***	−0.000***
	（−12.609）	（−12.587）
Dual	0.003**	0.003**
	（2.415）	（2.409）
ROA	−0.142***	−0.141***
	（−8.421）	（−8.398）
Growth	0.029***	0.029***
	（18.098）	（18.103）
Board	−0.006*	−0.005*
	（−1.882）	（−1.831）
BTM	−0.002	−0.002
	（−0.620）	（−0.627）
PEG	0.021***	0.021***
	（3.890）	（3.860）
Big4	−0.002	−0.002
	（−0.807）	（−0.819）
SOE	−0.016***	−0.016***
	（−11.924）	（−11.926）

续表

变量	（1）	（2）
	GW	GW
_cons	0.105***	−0.012
	（5.111）	（−0.774）
Year/Industry	控制	控制
样本量	12575	12575
调整后的 R²	0.283	0.283

注：＊表示在10%水平上显著，＊＊表示在5%水平上显著，＊＊＊表示在1%水平上显著。

综合来看，多元回归结果基本验证了本章假设 5-1，表明区域金融水平越高，宽松货币政策对企业并购商誉的提升作用越强。

5.4.3.2　货币政策、行业竞争程度和企业并购商誉

表 5-5 展示了行业竞争程度对货币政策与企业并购商誉之间关系的调节作用。其中，第（1）列是行业竞争程度影响下价格型货币政策变量一年期贷款基准利率对企业并购商誉变量影响的多元回归结果，自变量一年期贷款基准利率的系数为−0.018，在 1% 水平上显著为负，与行业竞争程度变量 HHI 的交乘项系数为−0.003，其交乘项符号符合预期且在 5% 水平上显著为负。第（2）列是行业竞争程度影响下数量型货币政策变量广义货币供应量对企业并购商誉变量影响的多元回归结果，自变量广义货币供应量的系数为0.001，在 1% 水平上显著为正，与行业竞争程度变量 HHI 的交乘项系数为0.000，在 5% 水平上显著为正，符号与显著性都符合预期。

表 5-5　货币政策、行业竞争程度和企业并购商誉

变量	（1）	（2）
	GW	GW
Loan	−0.018***	
	（−13.610）	
HHI×Loan	−0.003**	
	（−2.563）	

续表

变量	(1)	(2)
	GW	GW
M2		0.001 ***
		(7.000)
HHI×M2		0.000 **
		(2.212)
HHI	0.025 ***	0.005 *
	(4.118)	(1.718)
Size	0.004 ***	0.004 ***
	(5.916)	(5.916)
Lev	−0.044 ***	−0.044 ***
	(−13.778)	(−13.777)
Firstshr	−0.000 ***	−0.000 ***
	(−14.885)	(−14.871)
Dual	0.003 ***	0.003 ***
	(2.640)	(2.639)
ROA	−0.148 ***	−0.148 ***
	(−10.313)	(−10.297)
Growth	0.032 ***	0.032 ***
	(23.882)	(23.852)
Board	−0.006 **	−0.006 **
	(−2.432)	(−2.425)
BTM	−0.002	−0.002
	(−0.656)	(−0.639)
PEG	0.013 ***	0.013 ***
	(2.965)	(2.904)
Big4	0.002	0.002
	(1.056)	(1.057)
SOE	−0.015 ***	−0.015 ***
	(−13.668)	(−13.678)

续表

变量	(1)	(2)
	GW	GW
_cons	0.116***	-0.013
	(6.993)	(-0.991)
Year/Industry	控制	控制
样本量	18242	18242
调整后的 R^2	0.289	0.289

注：*表示在10%水平上显著，**表示在5%水平上显著，***表示在1%水平上显著。

综合来看，多元回归结果验证了本章假设5-2，表明行业竞争程度越高，宽松货币政策对企业并购商誉的提升作用越强。

5.4.3.3　货币政策、企业代理成本和企业并购商誉

表5-6展示了企业代理成本对货币政策与企业并购商誉之间关系的调节作用。其中，第（1）列是企业代理成本影响下价格型货币政策变量一年期贷款基准利率对企业并购商誉变量影响的多元回归结果，自变量一年期贷款基准利率的系数为-0.013，在1%水平上显著为负，与企业代理成本变量的交乘项系数为-0.002，其交乘项符号符合预期且在1%水平上显著为负。第（2）列是企业代理成本影响下数量型货币政策变量广义货币供应量对企业并购商誉变量影响的多元回归结果，自变量广义货币供应量的系数为0.001，在1%水平上显著为正，与企业代理成本变量的交乘项系数为0.000，在1%水平上显著为正，符号与显著性都符合预期。

表5-6　货币政策、企业代理成本和企业并购商誉

变量	(1)	(2)
	GW	GW
Loan	-0.013***	
	(-9.896)	
AC×Loan	-0.002***	
	(-5.801)	

续表

变量	（1）	（2）
	GW	GW
M2		0.001***
		（5.202）
AC×M2		0.000***
		（2.727）
AC	0.010***	-0.001
	（6.719）	（-1.590）
Size	0.003***	0.003***
	（5.198）	（3.047）
Lev	-0.040***	-0.040***
	（-12.031）	（-6.892）
Firstshr	-0.000***	-0.000***
	（-14.427）	（-8.490）
Dual	0.003**	0.003
	（2.641）	（1.408）
ROA	-0.129***	-0.128***
	（-8.760）	（-6.184）
Growth	0.033***	0.032***
	（24.480）	（15.216）
Board	-0.006**	-0.006
	（-2.346）	（-1.298）
BTM	-0.002	-0.002
	（-0.679）	（-0.370）
PEG	0.014***	0.014***
	（3.117）	（3.200）
Big4	0.003	0.003
	（1.371）	（0.866）
SOE	-0.015***	-0.015***
	（-13.044）	（-8.893）

续表

变量	(1)	(2)
	GW	GW
_cons	0.082 ***	−0.009
	(4.916)	(−0.429)
Year/Industry	控制	控制
样本量	18242	18242
调整后的 R^2	0.290	0.290

注：＊表示在10%水平上显著，＊＊表示在5%水平上显著，＊＊＊表示在1%水平上显著。

综合来看，多元回归结果验证了本章假设5-3，表明企业代理成本越高，宽松货币政策对企业并购商誉的提升作用越强。

5.4.3.4 货币政策、金融背景高管和企业并购商誉

表5-7展示了金融背景高管对货币政策与企业并购商誉之间关系的调节作用。其中，第（1）列是金融背景高管影响下价格型货币政策变量一年期贷款基准利率对企业并购商誉变量影响的多元回归结果，自变量一年期贷款基准利率的系数为−0.014，在1%水平上显著为负，与金融背景高管的交乘项系数为−0.011，其交乘项符号符合预期且在5%水平上显著为负。第（2）列是金融背景高管影响下数量型货币政策变量广义货币供应量对企业并购商誉变量影响的多元回归结果，自变量广义货币供应量的系数为0.001，在1%水平上显著为正，与金融背景高管的交乘项系数为0.002，在10%水平上显著为正，符号与显著性都符合预期。

表5-7 货币政策、金融背景高管和企业并购商誉

变量	(1)	(2)
	GW	GW
Loan	−0.014 ***	
	(−9.761)	
FinBack×Loan	−0.011 **	
	(−2.049)	

续表

变量	（1）	（2）
	GW	GW
M2		0.001***
		（7.290）
FinBack×M2		0.002*
		（1.736）
FinBack	0.057*	-0.025*
	（1.889）	（-1.895）
Size	0.003***	0.003***
	（5.072）	（5.059）
Lev	-0.047***	-0.047***
	（-12.484）	（-12.490）
Firstshr	-0.001***	-0.001***
	（-13.435）	（-13.426）
Dual	0.003**	0.003**
	（2.112）	（2.120）
ROA	-0.151***	-0.151***
	（-9.162）	（-9.162）
Growth	0.032***	0.032***
	（20.656）	（20.644）
Board	-0.007**	-0.007**
	（-2.402）	（-2.393）
BTM	0.000	0.000
	（0.086）	（0.104）
PEG	0.012**	0.012**
	（2.313）	（2.281）
Big4	0.002	0.002
	（0.997）	（0.994）
SOE	-0.015***	-0.015***
	（-11.574）	（-11.574）

续表

变量	(1)	(2)
	GW	GW
_cons	0.093***	−0.011
	(4.865)	(−0.711)
Year/Industry	控制	控制
样本量	13851	13851
调整后的 R^2	0.285	0.285

注：＊表示在 10% 水平上显著，＊＊表示在 5% 水平上显著，＊＊＊表示在 1% 水平上显著。

综合来看，多元回归结果验证了本章假设 5-4，表明企业中金融背景高管越多，宽松货币政策对企业并购商誉的提升作用越强。

5.5　稳健性测试

为确保上述结论的稳健性，本章进行了稳健性测试。

5.5.1　替换变量检验

为降低变量选择误差对研究结果的影响，本章通过对变量进行替换的方法开展稳健性测试。参考 Ramanna（2008）对企业并购商誉的研究，本章选择企业超额商誉作为因变量企业并购商誉的替换指标，企业超额商誉是指背离商誉"超额收益"本质和因非理性决策而形成的异常商誉。本书用企业当年末的商誉净额减去企业当年度所在行业的商誉净额的中位数来定义企业当年度的超额商誉。

表 5-8 展示了替换变量后的多元回归结果。第（1）、（3）、（5）和（7）列是替换了因变量和采用一年期贷款基准利率作为货币政策变量之后的多元回归结果，自变量一年期贷款基准利率的回归系数分别为 −0.006、−0.005、

表 5-8 替换变量检验

变量	(1) GW_excess	(2) GW_excess	(3) GW_excess	(4) GW_excess	(5) GW_excess	(6) GW_excess	(7) GW_excess	(8) GW_excess
Loan	-0.006*** (-3.709)	0.001** (2.456)	-0.005*** (-4.450)		-0.003*** (-3.164)		-0.005*** (-3.839)	
M2	0.004 (1.089)	0.000 (0.132)		0.000** (1.986)		0.000 (1.021)		0.001*** (2.830)
Loan×FinDev								
M2×FinDev								
Loan×HHI			-0.003*** (-2.613)					
M2×HHI				0.000*** (2.834)				
Loan×AC					-0.001*** (-5.367)			
M2×AC						0.000*** (3.061)		
Loan×FinBack							-0.011** (-2.093)	

续表

变量	(1) GW_excess	(2) GW_excess	(3) GW_excess	(4) GW_excess	(5) GW_excess	(6) GW_excess	(7) GW_excess	(8) GW_excess
M2×FinBack								0.001 (1.538)
FinDev	0.004 (0.195)	0.025*** (3.460)						
HHI			0.018*** (3.028)	-0.002 (-0.884)				
AC					0.010*** (5.442)	-0.002** (-2.459)		
FinBack							0.059* (1.846)	-0.018 (-1.470)
Size	0.002*** (3.746)	0.002*** (3.908)	0.003*** (5.681)	0.003*** (5.460)	0.003*** (5.094)	0.003*** (2.847)	0.003*** (5.129)	0.003*** (4.894)
Lev	-0.033*** (-9.151)	-0.033*** (-8.659)	-0.042*** (-13.076)	-0.042*** (-14.271)	-0.039*** (-12.124)	-0.039*** (-7.499)	-0.045*** (-11.995)	-0.045*** (-13.063)
Firstshr	-0.000*** (-12.098)	-0.000*** (-13.230)	-0.000*** (-15.608)	-0.000*** (-14.201)	-0.000*** (-15.269)	-0.000*** (-8.094)	-0.000*** (-14.065)	-0.000*** (-12.846)
Dual	0.003*** (2.668)	0.003** (2.322)	0.003*** (2.774)	0.003*** (3.176)	0.003*** (2.748)	0.003* (1.657)	0.003** (2.001)	0.003** (2.302)

续表

变量	(1) GW_excess	(2) GW_excess	(3) GW_excess	(4) GW_excess	(5) GW_excess	(6) GW_excess	(7) GW_excess	(8) GW_excess
ROA	-0.133***	-0.132***	-0.139***	-0.139***	-0.125***	-0.125***	-0.142***	-0.142***
	(-8.562)	(-8.866)	(-10.560)	(-10.490)	(-9.458)	(-6.635)	(-9.680)	(-9.356)
Growth	0.029***	0.017***	0.029***	0.029***	0.029	0.029***	0.029***	0.029***
	(17.762)	(13.317)	(16.798)	(23.334)	(17.020)	(15.211)	(15.103)	(20.319)
Board	-0.003	-0.003	-0.004	-0.004	-0.003	-0.003	-0.004	-0.004*
	(-1.221)	(-1.162)	(-1.536)	(-1.610)	(-1.450)	(-0.845)	(-1.633)	(-1.704)
BTM	-0.001	-0.001	-0.001	-0.001	-0.001	-0.001	0.001	0.001
	(-0.269)	(-0.297)	(-0.430)	(-0.391)	(-0.547)	(-0.287)	(0.196)	(0.216)
PEG	0.009*	0.009*	0.003	0.002	0.003	0.003	0.002	0.002
	(1.802)	(1.793)	(0.614)	(0.560)	(0.685)	(0.678)	(0.366)	(0.332)
Big4	-0.001	-0.001	0.002	0.002	0.003*	0.003	0.002	0.002
	(-0.632)	(-0.747)	(1.430)	(1.237)	(1.766)	(0.955)	(1.266)	(1.064)
SOE	-0.014***	-0.014***	-0.014***	-0.014***	-0.013***	-0.013***	-0.014***	-0.014***
	(-11.570)	(-14.429)	(-16.963)	(-13.475)	(-16.282)	(-8.794)	(-14.407)	(-11.550)
_cons	0.029	-0.031*	0.025*	-0.011	0.016	-0.008	0.023	-0.013
	(1.527)	(-1.927)	(1.719)	(-0.904)	(1.136)	(-0.406)	(1.373)	(-0.883)
Year/Industry	控制	控制	控制	控制	控制	控制	控制	控制
样本量	12575	12575	18242	18242	18242	18242	13851	13851
调整后的 R²	0.122	0.122	0.126	0.126	0.128	0.127	0.124	0.124

注：* 表示在10%水平上显著，** 表示在5%水平上显著，*** 表示在1%水平上显著。

-0.003 和-0.005，都在 1%水平上显著，同时其与行业竞争程度、企业代理成本、金融背景高管的交乘项系数依次为-0.003、-0.001 和-0.011，且在 1%水平或 5%水平上显著，符合预期，从而支持了相关假设的稳健性。第（2）、（4）、（6）和（8）列是替换了因变量和采用广义货币供应量作为货币政策变量之后的多元回归结果，自变量广义货币供应量及其对应的交乘项符号都符合预期，其中，与行业竞争程度、企业代理成本的交乘项在 1%水平上显著为正，从而支持了相关假设的稳健性。综合来看，替换主要变量对相关结果基本没有影响，表明本章结论具有一定的稳健性。

5.5.2　公司层面聚类分析

本章基于公司层面对多元回归模型进行聚类处理，参考了林钟高和丁茂桓（2017）等的研究，相关多元回归结果如表 5-9 所示。结果表明，采用聚类回归方法之后，第（1）、（3）、（5）和（7）列是采用一年期贷款基准利率作为货币政策变量之后的多元回归结果，自变量一年期贷款基准利率的回归系数分别为-0.017、-0.018、-0.013 和-0.014，都在 1%水平上显著，同时其与区域金融水平、行业竞争程度、企业代理成本和金融背景高管的交乘项系数依次为-0.002、-0.003、-0.002 和-0.011，符号符合预期，且与行业竞争程度和企业代理成本的交乘项分别在 10%水平和 1%水平上显著，表明相关假设具有一定的稳健性。第（2）、（4）、（6）和（8）列是采用广义货币供应量作为货币政策变量之后的多元回归结果，自变量广义货币供应量的回归系数为正且在 1%或 5%水平上显著，符合预期，其对应的交乘项符号都符合预期，中与企业代理成本（AC）的交乘项在 1%水平上显著。综合来看，采用公司层面聚类回归之后相关结果依然能在一定程度上支持本章的假设，表明本章结论具有一定的稳健性。

5.5.3　民营企业样本检验

为了降低样本选择误差，本章选取民营企业样本来进行多元回归分析。表 5-10 展示了民营企业样本下相关调节变量对货币政策与企业并购商誉之间关系的影响结果。第（1）、（3）、（5）和（7）列是采用一年期贷款基准利

表5-9 公司层面聚类分析

变量	(1) GW	(2) GW	(3) GW	(4) GW	(5) GW	(6) GW	(7) GW	(8) GW
Loan	-0.017*** (-6.459)		-0.018*** (-11.319)		-0.013*** (-8.672)		-0.014*** (-9.502)	
M2		0.001** (2.015)		0.001*** (5.516)		0.001*** (5.202)		0.001*** (7.194)
Loan×FinDev	-0.002 (-0.345)							
M2×FinDev		0.001 (1.005)						
Loan×HHI			-0.003* (-1.714)					
M2×HHI				0.000 (1.422)				
Loan×AC					-0.002*** (-3.226)			
M2×AC						0.000*** (2.727)		
Loan×FinBack							-0.011 (-1.398)	

续表

变量	(1) GW	(2) GW	(3) GW	(4) GW	(5) GW	(6) GW	(7) GW	(8) GW
M2×FinBack								0.002 (1.150)
FinDev	0.041 (0.972)	0.012 (1.013)						
HHI			0.025*** (2.675)	0.005 (1.323)				
AC					0.010*** (3.306)	-0.001 (-1.590)		
FinBack							0.057 (1.158)	-0.025* (-1.762)
Size	0.003*** (2.703)	0.003*** (2.715)	0.004*** (3.434)	0.004*** (3.434)	0.003*** (3.056)	0.003*** (3.047)	0.003*** (3.264)	0.003*** (3.254)
Lev	-0.034*** (-5.363)	-0.034*** (-5.378)	-0.044*** (-7.393)	-0.044*** (-7.391)	-0.040*** (-6.875)	-0.040*** (-6.892)	-0.047*** (-7.182)	-0.047*** (-7.184)
Firstshr	-0.000*** (-7.909)	-0.000*** (-7.895)	-0.000*** (-8.737)	-0.000*** (-8.724)	-0.000*** (-8.485)	-0.000*** (-8.490)	-0.001*** (-8.541)	-0.001*** (-8.537)
Dual	0.003 (1.403)	0.003 (1.399)	0.003 (1.413)	0.003 (1.412)	0.003 (1.409)	0.003 (1.408)	0.003 (1.220)	0.003 (1.225)

续表

变量	(1) GW	(2) GW	(3) GW	(4) GW	(5) GW	(6) GW	(7) GW	(8) GW
ROA	-0.142*** (-6.358)	-0.141*** (-6.340)	-0.148*** (-7.038)	-0.148*** (-7.032)	-0.129*** (-6.206)	-0.128*** (-6.184)	-0.151*** (-6.791)	-0.151*** (-6.787)
Growth	0.029*** (12.102)	0.029*** (12.107)	0.032*** (15.190)	0.032*** (15.180)	0.033*** (15.250)	0.032*** (15.216)	0.032*** (13.606)	0.032*** (13.593)
Board	-0.006 (-1.154)	-0.005 (-1.123)	-0.006 (-1.336)	-0.006 (-1.332)	-0.006 (-1.287)	-0.006 (-1.298)	-0.007 (-1.414)	-0.007 (-1.408)
BTM	-0.002 (-0.446)	-0.002 (-0.451)	-0.002 (-0.432)	-0.002 (-0.420)	-0.002 (-0.447)	-0.002 (-0.370)	0.000 (0.061)	0.000 (0.074)
PEG	0.021*** (4.097)	0.021*** (4.062)	0.013*** (3.106)	0.013*** (3.038)	0.014*** (3.259)	0.014*** (3.200)	0.012** (2.389)	0.012** (2.353)
Big4	-0.002 (-0.621)	-0.002 (-0.631)	0.002 (0.709)	0.002 (0.710)	0.003 (0.913)	0.003 (0.866)	0.002 (0.757)	0.002 (0.755)
SOE	-0.016*** (-8.761)	-0.016*** (-8.765)	-0.015*** (-9.316)	-0.015*** (-9.323)	-0.015*** (-8.835)	-0.015*** (-8.893)	-0.015*** (-8.512)	-0.015*** (-8.509)
_cons	0.105*** (3.558)	-0.012 (-0.581)	0.116*** (4.640)	-0.013 (-0.676)	0.082*** (3.281)	-0.009 (-0.429)	0.093*** (3.505)	-0.011 (-0.517)
Year/Industry	控制	控制	控制	控制	控制	控制	控制	控制
样本量	12575	12575	18242	18242	18242	18242	13851	13851
调整后的 R^2	0.283	0.283	0.289	0.289	0.290	0.290	0.285	0.285

注：* 表示在10%水平上显著，** 表示在5%水平上显著，*** 表示在1%水平上显著。

表5-10 民营企业样本检验

变量	(1) GW	(2) GW	(3) GW	(4) GW	(5) GW	(6) GW	(7) GW	(8) GW
Loan	-0.017*** (-5.856)		-0.011*** (-5.713)		-0.008*** (-4.454)		-0.011*** (-5.309)	
M2		0.001*** (2.689)		0.002*** (6.906)		0.002*** (4.978)		0.002*** (6.360)
Loan×FinDev	-0.010 (-1.459)							
M2×FinDev		0.002* (1.664)						
Loan×HHI			-0.003* (-1.901)					
M2×HHI				0.000 (0.810)				
Loan×AC					-0.002*** (-5.349)			
M2×AC						0.000** (2.475)		
Loan×FinBack							-0.015* (-1.753)	

续表

变量	(1)	(2)	(3)	(4)	(5)	(6)	(7)	(8)
	GW	GW	GW	GW	GW	GW	GW	GW
M2×FinBack	0.082** (2.214)							0.002 (1.467)
FinDev		0.001 (0.058)						
HHI			0.031*** (3.293)	0.011** (2.221)				
AC					0.015*** (5.904)	-0.002* (-1.934)		
FinBack							0.084* (1.841)	-0.022 (-1.079)
Size	0.002* (1.895)	0.002* (1.896)	0.003*** (3.076)	0.003*** (3.103)	0.002** (2.421)	0.002 (1.450)	0.003*** (2.887)	0.003*** (2.870)
Lev	-0.044*** (-6.897)	-0.044*** (-6.920)	-0.055*** (-10.495)	-0.055*** (-10.505)	-0.049*** (-9.123)	-0.049*** (-5.616)	-0.059*** (-9.675)	-0.059*** (-9.676)
Firstshr	-0.000*** (-7.645)	-0.000*** (-7.643)	-0.000*** (-9.244)	-0.000*** (-9.218)	-0.000*** (-9.080)	-0.000*** (-5.893)	-0.000*** (-8.082)	-0.000*** (-8.080)
Dual	0.002 (1.351)	0.002 (1.340)	0.003** (2.099)	0.003** (2.089)	0.003** (2.056)	0.003 (1.271)	0.002 (1.239)	0.002 (1.245)

续表

变量	(1)	(2)	(3)	(4)	(5)	(6)	(7)	(8)
	GW	GW	GW	GW	GW	GW	GW	GW
ROA	-0.180***	-0.180***	-0.187***	-0.188***	-0.168***	-0.166***	-0.189***	-0.189***
	(-6.827)	(-6.840)	(-8.459)	(-8.509)	(-7.302)	(-5.460)	(-7.379)	(-7.369)
Growth	0.031***	0.031***	0.036***	0.036***	0.038***	0.037***	0.037***	0.037***
	(11.483)	(11.477)	(16.615)	(16.605)	(17.044)	(11.242)	(14.621)	(14.621)
Board	0.001	0.001	0.000	0.001	0.000	0.000	0.001	0.001
	(0.229)	(0.241)	(0.123)	(0.140)	(0.066)	(0.035)	(0.152)	(0.151)
BTM	0.006	0.006	0.007	0.007	0.007	0.008	0.009*	0.009*
	(1.149)	(1.161)	(1.558)	(1.523)	(1.598)	(1.188)	(1.801)	(1.821)
PEG	0.012	0.012	0.005	0.005	0.005	0.005	0.010	0.010
	(1.199)	(1.180)	(0.649)	(0.647)	(0.613)	(0.797)	(1.082)	(1.067)
Big4	-0.002	-0.002	0.006	0.006	0.006	0.006	0.005	0.005
	(-0.477)	(-0.472)	(1.293)	(1.283)	(1.369)	(0.781)	(1.011)	(1.012)
_cons	0.111***	-0.019	0.064**	-0.033	0.056**	-0.018	0.057*	-0.036
	(3.311)	(-0.675)	(2.375)	(-1.418)	(2.092)	(-0.546)	(1.871)	(-1.354)
Year/Industry	控制	控制	控制	控制	控制	控制	控制	控制
样本量	5954	5954	8815	8815	8815	8815	6780	6780
调整后的 R^2	0.302	0.302	0.312	0.311	0.312	0.312	0.305	0.305

注：*表示在 10% 水平上显著，**表示在 5% 水平上显著，***表示在 1% 水平上显著。

率作为货币政策变量之后的多元回归结果，自变量一年期贷款基准利率的回归系数分别为-0.017、-0.011、-0.008 和-0.011，都在 1%水平上显著，其与区域金融水平、行业竞争程度、企业代理成本和金融背景高管的交乘项系数依次为-0.010、-0.003、-0.002 和-0.015，符号符合预期，且与行业竞争程度、企业代理成本和金融背景高管的交乘项分别在 1%水平或 10%水平上显著，表明相关假设具有一定的稳健性。第（2）、（4）、（6）和（8）列是采用广义货币供应量作为货币政策变量之后的多元回归结果，自变量广义货币供应量的回归系数为正且都在 1%水平上显著，符合预期，其对应的交乘项符号都符合预期，与区域金融水平和企业代理成本的交乘项分别在 10%水平和 5%水平上显著。综合来看，回归样本中无论是否包括国有企业样本，相关多元回归结果都能验证本章的假设，结论不会受到影响，因此，本章结果具有一定的稳健性。

5.5.4 工具变量法

为解决相关结论的内生性问题，本章采用工具变量法来进行多元回归检测。参考 Olivier 等（2017）、陈彦斌等（2013）等的研究，居民收入水平会受到宏观货币政策的影响，宽松的货币政策会使居民收入有一定增长，居民可支配收入的提升将使居民在满足生活必需品支出后，将更多资金用于改善型消费，而这种居民消费结构的改变同企业的并购活动并不具有相关关系。恩格尔系数一定程度上反映了居民消费结构的变化和生活质量的改善程度。因此，本章采用恩格尔系数作为工具变量，将恩格尔系数作滞后一期处理，再进行两阶段最小二乘多元回归。

表 5-11 展示了工具变量法下相关调节变量对货币政策与企业并购商誉之间关系的影响结果。第（1）、（3）、（5）和（7）列是经过恩格尔系数一阶段回归而估计出的一年期贷款基准利率 PrLoan 与相关调节变量的多元回归结果，自变量一年期贷款基准利率的回归系数分别为-0.015、-0.009、-0.011 和-0.012，都在 1%水平上显著为负，同时其与区域金融水平、行业竞争程度、企业代理成本、金融背景高管的交乘项系数依次为-0.005、-0.004、-0.001 和-0.010，符号都与预期假设相一致，并且与行业竞争程度、

表5-11 采用工具变量法后的结果

变量	(1) GW	(2) GW	(3) GW	(4) GW	(5) GW	(6) GW	(7) GW	(8) GW
PrLoan	-0.015*** (-9.046)		-0.009*** (-7.745)		-0.011*** (-10.684)		-0.012*** (-10.266)	
PrM2		0.001*** (3.959)		0.001*** (7.878)		0.001*** (6.381)		0.002*** (8.303)
PrLoan×FinDev	-0.005 (-1.324)							
PrM2×FinDev		0.001* (1.827)						
PrLoan×HHI			-0.004*** (-3.397)					
PrM2×HHI				0.000*** (2.916)				
PrLoan×AC					-0.001*** (-5.310)			
PrM2×AC						0.000** (2.371)		
PrLoan×FinBack							-0.010* (-1.868)	

续表

变量	(1) GW	(2) GW	(3) GW	(4) GW	(5) GW	(6) GW	(7) GW	(8) GW
PrM2×FinBack								0.002* (1.955)
FinDev	0.052** (2.445)	0.009 (0.981)						
HHI			0.028*** (4.869)	0.003 (1.108)				
AC					0.009*** (5.820)	-0.001* (-1.935)		
FinBack							0.054* (1.883)	-0.020* (-1.662)
Size	0.002*** (2.638)	0.002*** (2.650)	0.002*** (3.714)	0.002*** (3.725)	0.002*** (3.297)	0.002** (2.077)	0.002*** (3.285)	0.002*** (3.263)
Lev	-0.028*** (-7.198)	-0.028*** (-7.215)	-0.036*** (-10.984)	-0.036*** (-10.996)	-0.033*** (-9.867)	-0.033*** (-6.109)	-0.040*** (-10.473)	-0.040*** (-10.481)
Firstshr	-0.000*** (-10.975)	-0.000*** (-10.957)	-0.000*** (-12.612)	-0.000*** (-12.593)	-0.000*** (-12.292)	-0.000*** (-7.843)	-0.000*** (-11.236)	-0.000*** (-11.238)
Dual	0.002* (1.894)	0.002* (1.888)	0.003** (2.283)	0.003** (2.281)	0.003** (2.299)	0.003 (1.308)	0.002 (1.230)	0.002 (1.228)

续表

变量	(1)	(2)	(3)	(4)	(5)	(6)	(7)	(8)
	GW	GW	GW	GW	GW	GW	GW	GW
ROA	-0.117***	-0.117***	-0.122***	-0.122***	-0.112***	-0.111***	-0.127***	-0.127***
	(-6.847)	(-6.843)	(-8.391)	(-8.386)	(-7.479)	(-5.459)	(-7.497)	(-7.480)
Growth	0.021***	0.021***	0.024***	0.024***	0.025***	0.024***	0.025***	0.025***
	(12.042)	(12.034)	(17.103)	(17.074)	(17.501)	(11.279)	(15.285)	(15.286)
Board	-0.005*	-0.005*	-0.005**	-0.005**	-0.005**	-0.005	-0.005*	-0.005*
	(-1.742)	(-1.708)	(-2.182)	(-2.172)	(-2.132)	(-1.255)	(-1.745)	(-1.743)
BTM	-0.003	-0.003	-0.002	-0.002	-0.002	-0.002	-0.000	-0.000
	(-0.986)	(-0.977)	(-0.716)	(-0.700)	(-0.803)	(-0.471)	(-0.094)	(-0.069)
PEG	0.015**	0.015**	0.008*	0.009*	0.008*	0.008*	0.009	0.008
	(2.493)	(2.462)	(1.719)	(1.744)	(1.655)	(1.911)	(1.474)	(1.446)
Big4	0.000	0.000	0.005**	0.005**	0.005**	0.005	0.004*	0.004*
	(0.202)	(0.186)	(2.163)	(2.162)	(2.361)	(1.512)	(1.769)	(1.772)
SOE	-0.013***	-0.013***	-0.013***	-0.013***	-0.012***	-0.012***	-0.013***	-0.013***
	(-9.687)	(-9.694)	(-11.278)	(-11.297)	(-10.937)	(-8.136)	(-9.902)	(-9.911)
_cons	0.119***	0.006	0.074***	0.003	0.094***	0.006	0.098***	0.001
	(6.067)	(0.363)	(4.667)	(0.203)	(6.032)	(0.309)	(5.390)	(0.040)
Year/Industry	控制	控制	控制	控制	控制	控制	控制	控制
样本量	10564	10564	15359	15359	15359	15359	11658	11658
调整后的 R^2	0.284	0.284	0.292	0.292	0.291	0.291	0.287	0.287

注：* 表示在 10% 水平上显著，** 表示在 5% 水平上显著，*** 表示在 1% 水平上显著。

企业代理成本和金融背景高管的交乘项系数在1%或10%水平上显著，表明相关假设具有一定的稳健性。第（2）、（4）、（6）和（8）列中经过恩格尔系数一阶段回归而估计出的广义货币供应量的回归系数符号都为正，且都在1%水平上显著，其对应的交乘项符号都符合预期。其中，区域金融水平、行业竞争程度、企业代理成本、金融背景高管的交乘项分别在10%、1%、5%和10%水平上显著。综合来看，相关回归结果不会受到内生性问题的影响，因此，本章结果具有一定的稳健性。

5.5.5 去除年份固定效应检验

本书研究的主要变量会受到不随年份变动的相关因素的影响，所以在主回归中控制了年份固定效应。但货币政策的一些周期性特征可能会导致在控制年份固定效应后，所构造的货币政策相关指标的解释力度减弱。因此，本章去除年份固定效应后进行了多元回归检验。

相关多元回归结果如表5-12所示。去除年份固定效应后的结果表明，第（1）、（3）、（5）和（7）列是采用一年期贷款基准利率作为货币政策变量之后的多元回归结果，自变量一年期贷款基准利率的回归系数分别为-0.012、-0.015、-0.012和-0.015，都在1%水平上显著，其与区域金融水平、行业竞争程度、企业代理成本和金融背景高管的交乘项系数依次为-0.010、-0.002、-0.002和-0.011，符号符合预期，且交乘项分别在1%水平或5%水平上显著，表明相关假设具有一定的稳健性。第（2）、（4）、（6）和（8）列是采用广义货币供应量作为货币政策变量之后的多元回归结果，自变量广义货币供应量的回归系数为正且在1%水平上显著，符合预期，其对应的交乘项符号都符合预期，与行业竞争程度、企业代理成本的交乘项分别在10%和1%水平上显著。综合来看，去除年份固定效应之后相关结果依然能在一定程度上支持本章的假设，表明本章结论具有一定的稳健性。

表5-12 去除年份固定效应后的回归分析

变量	(1) GW	(2) GW	(3) GW	(4) GW	(5) GW	(6) GW	(7) GW	(8) GW
Loan	-0.012*** (-7.348)		-0.015*** (-15.585)		-0.012*** (-14.672)		-0.015*** (-16.424)	
M2		0.002*** (9.076)		0.003*** (18.277)		0.003*** (11.678)		0.003*** (19.142)
Loan×FinDev	-0.010** (-2.477)							
M2×FinDev		0.001 (1.588)						
Loan×HHI			-0.002** (-2.108)					
M2×HHI				0.000* (1.903)				
Loan×AC					-0.002*** (-6.030)			
M2×AC						0.000*** (3.065)		
Loan×FinBack							-0.011** (-1.997)	

续表

变量	(1) GW	(2) GW	(3) GW	(4) GW	(5) GW	(6) GW	(7) GW	(8) GW
M2×FinBack								0.001 (1.602)
FinLev	0.087*** (3.904)	0.014 (1.382)						
HHI			0.023*** (3.612)	0.006** (2.057)				
AC					0.011*** (6.901)	-0.002* (-1.926)		
FinBack							0.051 (1.640)	-0.027** (-2.021)
Size	0.006*** (9.440)	0.004*** (6.238)	0.007*** (13.616)	0.005*** (8.298)	0.007*** (12.769)	0.004*** (4.273)	0.008*** (11.822)	0.005*** (7.234)
Lev	-0.041*** (-10.646)	-0.037*** (-9.400)	-0.052*** (-16.204)	-0.046*** (-14.191)	-0.048*** (-14.409)	-0.041*** (-7.011)	-0.054*** (-14.480)	-0.048*** (-12.873)
Firstshr	-0.001*** (-13.594)	-0.001*** (-13.351)	-0.001*** (-16.168)	-0.001*** (-15.803)	-0.001*** (-15.736)	-0.001*** (-9.106)	-0.001*** (-14.434)	-0.001*** (-14.138)
Dual	0.003** (2.556)	0.003** (2.218)	0.003*** (2.941)	0.003** (2.512)	0.003*** (2.944)	0.003 (1.337)	0.003** (2.422)	0.003** (2.109)

续表

变量	(1) GW	(2) GW	(3) GW	(4) GW	(5) GW	(6) GW	(7) GW	(8) GW
ROA	-0.178***	-0.153***	-0.194***	-0.163***	-0.175***	-0.142***	-0.193***	-0.166***
	(-10.815)	(-9.295)	(-13.791)	(-11.636)	(-12.068)	(-6.837)	(-11.930)	(-10.234)
Growth	0.029***	0.033***	0.031***	0.035***	0.032***	0.036***	0.031***	0.035***
	(17.781)	(20.024)	(22.924)	(26.221)	(23.483)	(16.175)	(19.841)	(22.713)
Board	-0.009***	-0.006*	-0.010***	-0.006**	-0.010***	-0.006	-0.011***	-0.007**
	(-2.945)	(-1.846)	(-4.069)	(-2.400)	(-4.019)	(-1.298)	(-3.764)	(-2.283)
BTM	-0.009***	-0.003	-0.012***	-0.005*	-0.012***	-0.004	-0.010***	-0.003
	(-3.058)	(-1.010)	(-4.747)	(-1.869)	(-4.714)	(-1.161)	(-3.295)	(-0.991)
PEG	0.022***	0.024***	0.014***	0.017***	0.015***	0.017***	0.012**	0.016***
	(3.970)	(4.394)	(3.134)	(3.720)	(3.301)	(4.101)	(2.216)	(2.961)
Big4	-0.004	-0.003	-0.000	0.001	0.001	0.002	-0.000	0.001
	(-1.626)	(-1.224)	(-0.037)	(0.491)	(0.279)	(0.510)	(-0.084)	(0.298)
SOE	-0.019***	-0.017***	-0.018***	-0.016***	-0.018***	-0.015***	-0.018***	-0.016***
	(-14.173)	(-12.536)	(-16.415)	(-14.081)	(-15.803)	(-9.170)	(-13.950)	(-11.986)
_cons	0.012	-0.053***	0.021	-0.054***	0.010	-0.047**	0.025	-0.053***
	(0.622)	(-3.314)	(1.394)	(-4.017)	(0.679)	(-2.305)	(1.441)	(-3.386)
Industry	控制	控制	控制	控制	控制	控制	控制	控制
样本量	12575	12575	18242	18242	18242	18242	13851	13851
调整后的 R^2	0.253	0.256	0.256	0.264	0.257	0.264	0.253	0.260

注：* 表示在 10% 水平上显著，** 表示在 5% 水平上显著，*** 表示在 1% 水平上显著。

5.6 本章小结

货币政策对微观企业的商誉确认的影响是需要经过特定的渠道机制才能产生的，而在政策实施过程中，货币资金等金融要素在异质性环境下又存在不同程度的时效差异，最终导致货币政策对企业并购商誉的影响在不同情境下会有所不同。本章选择 2008~2020 年沪深 A 股非金融类上市公司作为研究样本，将企业所面临的内外部环境划分为地区层面、行业层面、企业层面和个人层面四个维度，并选取了地区层面的区域金融水平、行业层面的行业竞争程度、企业层面的企业代理成本和个人层面的金融背景高管来进行分析。本章基于上述四个层面的环境异质性因素来进一步分析货币政策对企业并购商誉的影响差异。

本章研究发现：首先，区域金融水平越高，宽松货币政策对企业并购商誉的提升作用越强。这表明，地区金融发展能够有效地提高资金在内的金融资源的配置效率，进而进一步增强宽松货币政策对企业并购商誉的影响。其次，行业竞争程度越高，宽松货币政策对企业并购商誉的提升作用越强。这表明，高程度的行业竞争会引发行业内的企业更有意愿借助宽松货币政策所带来的充裕资金和更高的风险承担能力来投资商誉金额更大的并购项目，以此来获取未来更高的超额收益。再次，企业代理成本越高，宽松货币政策对企业并购商誉的提升作用越强。这表明，企业高管会为了自身私利而更加充分地利用宽松货币政策所带来的资金资源投资更多的高商誉并购项目。最后，企业中金融背景高管越多，宽松货币政策对企业并购商誉的提升作用越强。这表明，金融背景高管将有助于企业在投资并购项目时获取更充分的并购信贷资金以及提高企业化解投资失败风险的能力。在进行稳健性测试后，相关主要结果仍然符合预期，说明本章结果具有一定程度的稳健性。

本章研究的贡献在于：一方面，深化和丰富了商誉影响因素的相关研究，从地区、行业、企业、个人四个层面构建了较为系统全面的商誉影响因素分析框架，并选取了区域金融水平、行业竞争程度、企业代理成本和金融背景高管四个环境维度代理变量来进行深入研究。另一方面，深化了对货币政策影响企业并购商誉的认识，在理论分析货币政策执行效果时，需要关注企业所处的内外部环境异质性影响。

第6章 宽松货币政策下企业
并购商誉的经济后果研究

6.1 引 言

前面的章节研究了宏观货币政策对于企业并购商誉的影响机制和影响效果，并进一步从地区维度的区域金融水平、行业维度的行业竞争程度、企业维度的企业代理成本和个人维度的金融背景高管四个方面考察了宏观货币政策对于企业并购商誉的异质性影响，上述研究着重从商誉确认影响因素的视角对企业并购商誉进行系统分析，本章则进一步探讨宽松货币政策背景下，企业并购商誉将给企业带来何种经济后果和其中的作用渠道及商誉风险的治理方式等。

自 2007 年以来，我国商誉的金额呈现逐年快速增长的趋势，根据 CS-MAR 和 Wind 数据库的数据，我国上市公司商誉净额从 2007 年的 376 亿元迅速扩大至 2020 年的 1.2 万亿元，这表明了我国的并购交易市场不断发展壮大的态势。但近年来并购商誉规模的急速增大也在资本市场上引发了一系列的商誉大额减值事件，为此中国证监会在 2018 年 11 月发布了《会计监管风险提示第 8 号——商誉减值》并指出并购商誉在确认过程中存在的问题①，这

---

① https：//baijiahao. baidu. com/s？ id＝1617285525344601350&wfr＝spider&for＝pc.

都使我国实务中的并购商誉成为一个可操作性极强的会计科目，严重背离了并购商誉客观公允反映企业未来"超额收益"的本质属性。2017 年，中国证监会发布的《2016 年上市公司年报会计监管报告》中也关注到了并购商誉规模异常增大的风险，并指出"部分上市公司在非同一控制下企业合并中确认了大额商誉，导致商誉占合并对价的比例甚至超过了 90%"①。上述现实事件表明，实务中企业并购商誉规模巨大，大规模并购商誉所潜藏的风险波及范围广、积累时间长、关注程度高。这推动了学术界深入探讨并购商誉经济后果。

相关文献对于并购商誉经济后果的研究虽然较为广泛，但主要集中在经营业绩角度（Chauvin 和 Hirschey，1994；Chen 等，2008；郑海英等，2014；魏志华和朱彩云，2019），主要观点是商誉对企业长期业绩具有负面影响。此外，学者还从其他角度来考察商誉经济后果，包括提升股票短期价格（Jennings 等，2001）、市场投资者和分析师调低对公司价值的判断（Li 等，2011）、增加股价崩盘风险（王文姣等，2017）、减少企业创新投入（朱莲美和杨以诺，2020）、减少企业社会责任（叶苗苗等，2020）、提高审计费用（郑春美和李晓，2018；蒋尧明和杨李娟，2020）等方面。相关文献较少从企业经营风险、融资约束和投资效率等方面来进行研究。

基于上述现实背景和理论背景，本章计划选择 2008～2020 年沪深 A 股非金融类上市公司作为研究样本，全面考察宽松货币政策下的并购商誉对企业经营、融资和投资活动的影响，其中分别选择了经营风险、融资约束和投资效率指标来进行效果和作用机制检验，并采用一系列稳健性测试方法来对相关研究结果进行稳健性测试，还试图从企业内外部环境角度寻找治理高额并购商誉风险的方法。

本章的研究意义在于：首先，既有文献在企业经营活动视角下主要从经营绩效方面考察并购商誉的经济后果，本书拓展性地从经营风险角度对其效果和作用路径都进行了进一步的研究，深化了这一领域研究内容。其次，既有文献较少涉及并购商誉对企业融资活动的影响，本书从融资约束视角对宽

---

① http://www.csrc.gov.cn/csrc/c105942/c1500082/content.shtml.

松货币政策下的并购商誉经济后果及形成路径进行了有益补充，拓宽了商誉经济后果的研究视角。再次，传统经典理论认为，企业投资不足主要源于资金供求双方信息不对称而使企业遭遇融资约束进而丧失了投资机会，本书则从企业有限资源分配失衡导致可投资源不足的新视角探讨了并购商誉造成企业后期投资低效（不足）的原因，拓展和加深了对企业投资效率相关理论解释和企业并购商誉经济后果的研究。最后，本书从企业内外部环境分析了管控商誉风险的方法，为相关监管机构提供了新的管理路径，对实务中防范化解重大金融风险具有积极帮助。

6.2　理论分析与研究假设

6.2.1　货币政策、企业并购商誉和经营风险

在经典经济学理论中，风险具有不确定性，其概率可以被计算（Haynes，1895；Knight，1921）。企业经营风险源于企业所处资源环境的不断变化，这使企业经营发展在当前及未来时期的不确定性也随之改变（王竹泉等，2017）。当企业所处的环境发生恶化，那么由此产生的经营风险将对企业造成负面影响。企业并购商誉作为企业的一项资产，其价值的改变会影响到企业整体的资源禀赋和财务状况，进而影响到企业后续的经营活动。

相关学者研究了企业并购商誉与企业经营活动之间的关系，主要关注其对企业经营业绩影响，研究发现，伴随着企业并购商誉规模的增长，企业的长期经营绩效会下降（郑海英等，2014；魏志华和朱彩云，2019），这表明，企业并购商誉的过高确认将使并购商誉自身不能准确客观地反映企业的未来收益情况，被过高估计的并购商誉金额损害了企业的长期价值。沿着上述文献思考发现，更大金额的企业并购商誉负面影响了企业的后续经营业绩，因此伴随着企业资源环境状况的恶化，企业后续经营活动的可持续性将受到负面冲击，经营不确定性增强使企业的经营风险随之增大。

货币政策的不断宽松所引发的并购资金过度充裕和风险承担水平的提升又进一步扩大了企业并购商誉的规模，因而会进一步加剧企业经营风险。基于上述分析，本章提出如下假设：

假设 6-1：货币政策越宽松，并购商誉会进一步提高企业的经营风险。

6.2.2　货币政策、企业并购商誉和融资约束

完美市场理论由 Modigliani 和 Miller 在 1958 年正式提出。在该理论下，当企业处在完美市场中时，该交易市场内将不存在交易主体之间的交易费用，也不会产生交易冲突。企业在开展投资活动时所需要的资金，无论是依靠内源融资还是向外部融资，都不会对企业的投资活动造成影响，即企业资本结构不会影响到企业投资活动。但该理论设想的环境在现实中并不存在，这是因为现实中融资方与出资方之间往往存在信息不对称以及交易成本等问题，这导致外源融资成本要高于内源融资成本（Myers 和 Majluf，1984），并进一步产生了企业的融资约束问题。在融资优序理论下，企业会优先选择融资成本更低的内源融资方式，其次才是债务融资和股权融资。

企业所实施的并购投资活动往往是一项需要较大资金规模的企业战略行为。单纯依靠企业自身内部资金资源是难以为继的，因此企业需要进行外源融资。在我国，依靠银行信贷来获取外部资金支持仍然是我国企业外源融资最主要的方式（Chui 等，2010）。但信贷融资的规模和期限会受到企业自身包括财务状况和财务风险等多种因素的制约，企业并购商誉作为企业的一项重要资产，它的金额变动及其对企业整体财务风险的影响会在企业申请信贷资金时受到银行的关注和考察。由于实务中的企业并购商誉在金额评估上存在较大的主观性和操纵空间，依照准则规定只将并购方的合并成本与享有的被并方公允价值的份额之差确认为商誉，而这个价差之中会掺杂并购市场非理性的"同伴效应"（傅超等，2015）、管理层的代理成本（杜兴强等，2011）等偏离商誉"超额收益"本质属性的因素，而这些因素使商誉成为并购风险的"蓄水池"，制约和损害了企业未来价值的可持续增长。因此，银行在授信时会出于信贷风险管控的需要，关注那些并购商誉规模过大的融资企业，这使这些企业因为较大的商誉规模而在后续融资上面临更大的融资

约束。

基于前面章节的分析，宽松的货币政策对企业并购商誉规模具有提升作用，企业在前期受益于宽松货币政策，向外部融入了更多资金实施并购活动，这将导致企业财务杠杆的扩大和商誉规模的过快增长，财务风险被逐步累积。这种财务指标和风险的非合理状况将制约企业后续的外源融资需求，银行等外部融资机构对企业的信贷要求将更严苛，企业的债务融资成本也将更高，因此，这将在后期加剧企业的融资约束困境。基于上述分析，本章提出如下假设：

假设6-2：货币政策越宽松，并购商誉会进一步加大企业的融资约束。

6.2.3 货币政策、企业并购商誉和投资效率

企业投资效率展现了企业在开展投资活动时对企业内外部资源进行获取、经营、分配和使用的能力。已有研究认为，企业投资过程中会产生非效率投资问题，主要包含投资过度和投资不足。基于自由现金流假说和委托代理理论，当企业拥有充裕的自由现金流量但却没有收益好的投资项目时，企业高管会出于构建自己的"商业帝国"等私利动机，去选择净现值为负数的项目来进行投资，由此造成了投资过度问题（Jensen，1986）。而基于信息不对称理论，外部投资者与内部企业高管之间存在信息不对称，外部投资者难以全面了解到企业的生产经营状况，当企业需要进行外部融资来进行投资活动时，外部投资者会提高融资成本，这导致企业管理层陷入融资困境，因不能及时获取到充足的外部资金而错失优质的投资项目，进而产生了投资不足的问题（Myers 和 Majluf，1984）。

而企业的投资不足问题一方面源于融资困难导致的可投资资金短缺（Myers 和 Majluf，1984）；另一方面源于企业有限资源被过度占用导致剩余可用资源短缺。基于资源依赖理论，企业的发展离不开资源的持续供给，但企业在一定时期内的资源总量往往是相对有限的，因此需要企业对有限的资源进行优化配置以保障企业的可持续发展。在宽松货币政策下，企业虽然可以获得比以往更多的外部资金支持，但是企业在投资活动中将获得的大量资金用于支付高溢价的并购项目，这造成了企业投资活动中的并购投资活动占用

了大量的资金资源。并购项目的溢价部分将以商誉的形式在财务报表中体现出来，并且由于溢价率较高，导致企业商誉金额快速增大。由此，大规模的商誉金额的形成反映出了企业在投资活动中资源分配的严重失衡和低效使用，这也将造成这类企业在之后的投资活动中由于剩余可投资资源不足，以研发投资为核心的其他投资活动将面临投资不足的问题。整体来看，企业的投资效率是低下的。

因此，更高金额的企业并购商誉将占用企业有限的可投资资源，造成企业后续研发投资的不足。在货币政策更加宽松的条件下，企业并购商誉规模的快速增长也将持续挤占对包括研发投资在内的其他类型投资活动的可用资源，从而对企业整体投资效率造成负面影响。基于上述分析，本章提出如下假设：

假设6-3：货币政策越宽松，并购商誉会进一步降低企业的投资效率。

6.3　实证研究设计

6.3.1　样本选择与数据处理

本章选择2008~2020年沪深A股所有非金融类上市公司作为初始研究样本。货币政策数据、并购活动相关数据和企业财务信息等数据来自CSMAR数据库和Wind数据库，同时利用中国人民银行、国家统计局、沪深交易所、企业官网等渠道对货币政策、企业并购商誉等关键变量数据进行手工收集完善。

对初始样本进行了如下处理：首先，删除金融保险类上市公司，主要是由于该行业上市企业的资本结构与其他行业上市企业存在较大差异。其次，删除ST和*ST等特殊类型的上市公司，主要是由于这些企业具有的特殊情况会影响到其并购投资活动。再次，删除考察时期内数据缺失的样本。最后，本书对相关连续性变量进行了1%水平的缩尾处理，以消除变量极端值的影响。相关数据利用 Excel 和 Stata 等软件进行数据处理。

6.3.2 模型设计与变量说明

为检验假设 6-1、假设 6-2 和假设 6-3，本书利用多元回归方法构建了多元回归模型，模型构建和变量选取主要参考了 Altman（1968）、Kaplan 和 Zingales（1997）、Richardson（2006）、陆正飞和杨德明（2011）、陈创练和戴晓明（2018）、李丹蒙等（2018）、张成思和计兴辰（2019）、Isabel Abinzano 等（2020）等的研究，所有相关变量的具体说明如表 6-1 所示。

表 6-1　变量定义

变量	变量名称	变量符号	具体定义
被解释变量	经营风险	$Zscore_{i,t}$	参考了 Altman（1968）和 Abinzano 等（2020）等相关文献，采用如下方法计算 Z 指数：Zscore =（营运资金/总资产）×1.2 +（留存收益/总资产）×1.4 +（息税前利润/总资产）×3.3 +（权益的市场价值/总负债的账面价值）× 0.6 +（营业收入/总资产）×0.999
	融资约束	$KZ_{i,t}$	参考了 Kaplan 和 Zingales（1997）等的研究，基于企业经营性净现金流、企业现金股利水平、企业现金持有水平、企业资产负债率和企业市场价值托宾 Q 值计算企业 KZ 指数
	投资效率	$Invest_{i,t}$	0~1 虚拟变量。根据非效率投资模型（Richardson，2006）计算得到的残差进行赋值，其中，0 代表投资不足，1 代表过度投资
		$InefficInvest_{i,t}$	根据非效率投资模型（Richardson，2006）计算得到的残差取绝对值
解释变量	并购商誉	$GW_{i,t}$	i 公司第 t 年度商誉净额除以年末总资产
调节分组变量	一年期贷款基准利率	$Loan_{t-1}$	中国人民银行公布的一年期贷款基准利率，若当年度有多个值，则按时间为权重取加权平均值，然后作滞后一期处理
	广义货币 M2	$M2_{t-1}/$ $RM2_{t-1}$	广义货币 M2 年供应量/年均增长率，然后作滞后一期处理

续表

变量	变量名称	变量符号	具体定义
控制变量	公司规模	$Size_{i,t}$	公司期末总资产的自然对数
	负债率	$Lev_{i,t}$	公司资产负债率
	股权结构	$Firstshr_{i,t}$	第一大股东持股数量与公司总股数的比例
	管理层权力	$Dual_{i,t}$	虚拟变量，董事长兼任总经理为 1，否则为 0
	盈利能力	$ROA_{i,t}$	公司年净利润/年末总资产
	成长性	$Growth_{i,t}$	公司营业收入年增长率
	董事会规模	$Board_{i,t}$	董事会人数的自然对数
	GDP 增长率	$GDPRATE_{i,t}$	国内生产总值年均增长率
	账面市值比	$BTM_{i,t}$	总资产除以总市值
	行业估值水平	$PEG_{i,t}$	取分年度分行业的个体公司市盈率与年盈利增长率比值的均值，并除以 10000 以消除数量级差异
	国际四大	$Big4_{i,t}$	虚拟变量，公司聘请"四大"会计师事务所审计取 1，否则取 0
	产权性质	$SOE_{i,t}$	虚拟变量，企业最终实际控制人属性为国有性质的取 1，否则取 0
	行业	Ind	行业虚拟变量，根据证监会《上市公司行业分类指引》（2012 年版），制造业按二级代码分类，其他按一级代码分类
	年度	$Year$	年度虚拟变量

模型表示如下：

$$Zscore_{i,t} = a_0 + a_1 GW_{i,t} + a_2 GW_{i,t} \times MP_{t-1} + a_3 MP_{t-1} + a \sum Control \ variables_{i,t} + \varepsilon \tag{6-1}$$

$$KZ_{i,t} = a_0 + a_1 GW_{i,t} + a_2 GW_{i,t} \times MP_{t-1} + a_3 MP_{t-1} + a \sum Control \ variables_{i,t} + \varepsilon \tag{6-2}$$

$$INVEST_{i,t} = a_0 + a_1 GW_{i,t} + a_2 GW_{i,t} \times MP_{t-1} + a_3 MP_{t-1} + a \sum Control \ variables_{i,t} + \varepsilon \tag{6-3}$$

对应三个研究假设设置了三个主要因变量，具体涵盖了经营风险指数

（Zscore）、融资约束指数（KZ）和投资效率指标（包括投资效率0~1虚拟变量 Invest 和投资效率连续型数值变量 InefficInvest），具体因变量的定义如下：

经营风险指数（Zscore）。参考了 Altman（1968）和 Abinzano 等（2020）等的研究，采用如下方法计算该指数：Zscore =（营运资金/总资产）×1.2+（留存收益/总资产）×1.4+（息税前利润/总资产）×3.3+（权益的市场价值/总负债的账面价值）×0.6+（营业收入/总资产）×0.999，该指数的值越小，表示企业的经营能力越弱，企业经营风险越大。

融资约束指数（KZ）。参考了 Kaplan 和 Zingales（1997）等的研究，基于企业经营性净现金流、企业现金股利水平、企业现金持有水平、企业资产负债率和企业市场价值托宾 Q 值来计算企业的 KZ 指数。该指数越大，表示企业的融资约束越严重。

投资效率指标包括投资效率0~1虚拟变量 Invest 和投资效率连续型数值变量 InefficInvest。参考 Richardson（2006）等的研究，用企业上一年实际新增投资额对本年度企业新增投资额进行回归，并控制了企业资产规模、资产负债状况、企业成长性、企业现金流状况、企业年限、企业股票收益率、年度和行业固定效应。对由回归模型得到的残差再取绝对值作为企业非效率投资程度 InefficInvest，该指标的数值越大，表示企业的非效率投资程度越高，即投资越低效；反之，该指标的数值越小，表示企业的非效率投资程度越低，即投资效率越高。另外设置0~1虚拟变量 Invest，根据非效率投资模型计算得到的残差进行赋值，若残差小于0，则虚拟变量 Invest 赋值为0，代表投资不足；残差大于0，则虚拟变量 Invest 赋值为1，代表过度投资。

自变量 $GW_{i,t}$ 表示 i 企业在第 t 年度的商誉净额，商誉净额等于商誉减去商誉减值准备后的额。该数据经过资产标准化处理，其值等于 i 企业在 t 年度的商誉净额再除以当年度的资产总额。

调节分组变量 MP_{t-1} 表示货币政策，将货币政策分为两种类型，即价格型货币政策和数量型货币政策。价格型货币政策指标采用一年期的贷款基准利率（Loan），数量型货币政策指标采用广义货币（M2）相关指标。由于实施货币政策所产生的效果并不能快速见效，存在一定程度的时滞性（姚余栋和李宏瑾，2013；张戎思和计兴辰，2019），因此本书将货币政策相关变量作滞后一期处理。这也在一定程度上缓解了实证模型的内生性问题。其中，将一年期的贷款基准利率作为调节变量，将广义货币的年供应量或年均增长率作为分组变量，做法是基于同一家上市公司在不同年度下对应的 M2 年供应量或年均增长率（广义货币相关指标为滞后一期值），取其中位数作为分组标准以此划分为货币紧缩期和货币宽松期，若该上市公司所处年度对应的广义货币相关指标小于其中位数（对应的广义货币相关指标为滞后一期值），则定义企业处在货币政策紧缩期；反之，则企业处在货币政策宽松期。

　　本章主要考察系数 a_1 和 a_2 之间的关系。根据本章的理论分析与研究假设，企业并购商誉会增大企业经营风险、增强企业融资约束、造成企业投资低效，则模型（6-1）的 a_1 小于 0，模型（6-2）的 a_1 大于 0，模型（6-3）的 a_1 小于 0。货币政策越宽松，会进一步强化上述结论，则当货币政策变量选择一年期的贷款基准利率时，由于货币政策越宽松代表 Loan 值越小，因此，模型交乘项系数 a_2 的符号应当与 a_1 符号相反，模型（6-1）的 a_2 大于 0，模型（6-2）的 a_2 小于 0，模型（6-3）的 a_2 大于 0。

6.4　实证检验结果与分析

6.4.1　变量描述性统计

　　主要变量描述性统计数据如表 6-2 所示，部分变量会有缺失，这使各组用于实证检验的样本量存在一定差异。样本企业经营风险变量的标准差为 5.359，最大值为 35.289，中位数为 3.067，最小值为 0.526，这说明不同企业之间的经营风险存在较大差异。样本企业融资约束变量的均值为 1.069，标准差为 2.344，最小值为 -5.808，中值为 1.290，最大值为 6.162，表明企业总体的融资约束程度处在不高的水平上，其均值为最大值的 1/6，不同企业间的融资约束程度呈现较大差异。样本企业投资效率虚拟变量均值为 0.402，最小值和中位数均为 0，最大值为 1，投资效率另一个连续型数值变量非效率投资程度的均值为 0.041，标准差为 0.047，最小值为 0.001，中值为 0.027，最大值为 0.280，综合两个投资效率变量来看，样本企业的总体投资效率水平不高。

表 6-2　主要变量描述性统计

变量	样本量	均值	标准差	最小值	中值	最大值
Zscore	1822	4.772	5.359	0.526	3.067	35.289
KZ	1822	1.069	2.344	−5.808	1.290	6.162
Invest	1647	0.402	0.490	0.000	0.000	1.000
InefficInvest	1647	0.041	0.047	0.001	0.027	0.280

6.4.2　变量相关性分析

变量的相关性分析结果如表 6-3 所示，从结果可以看出，不同因变量下的调节变量一年期贷款基准利率与企业并购商誉所形成的交乘项 $GW\times Loan_{Zscore}$、$GW\times Loan_{KZ}$、$GW\times Loan_{Invest}$ 与企业经营风险的相关系数都在 1% 水平上显著为正，符合假设预期；与企业融资约束的相关系数都在 1% 水平上显著为负，符合假设预期；与企业投资效率虚拟变量的相关系数虽然不显著但符号为正符合预期，需要考虑后续引入控制变量后的具体情况。因此，相关性分析结果基本支持了本章的研究假设。

表 6-3　变量相关性分析

变量	ZScore	KZ	Invest	InefficInvest	$GW\times Loan_{Zscore}$	$GW\times Loan_{KZ}$	$GW\times Loan_{Invest}$
ZScore	1						
KZ	−0.367***	1					
Invest	−0.107***	0.018**	1				
InefficInvest	0.097***	−0.068***	0.133***	1			
$GW\times Loan_{Zscore}$	0.052***	−0.108***	0.009	0.176***	1		

变量	ZScore	KZ	Invest	InefficInvest	GW×Loan$_{Zscore}$	GW×Loan$_{KZ}$	GW×Loan$_{Invest}$
GW×Loan$_{KZ}$	0.052***	−0.108***	0.009	0.176***	1.000***	1	
GW×Loan$_{Invest}$	0.059***	−0.123***	0.009	0.176***	1.000***	1.000***	1

注：* 表示在10%水平上显著，** 表示在5%水平上显著，*** 表示在1%水平上显著。

6.4.3　多元回归分析

6.4.3.1　货币政策、企业并购商誉和经营风险

表6-4展示了货币政策对企业并购商誉与企业经营风险之间关系的调节作用。其中，第（1）列是在价格型货币政策变量一年期贷款基准利率影响下企业并购商誉变量对企业经营风险影响的多元回归结果。自变量企业并购商誉变量的回归系数为−15.988，在1%水平上显著为负，与货币政策变量一年期贷款基准利率的交乘项系数为2.014，在1%水平上显著为正，符号与显著性都符合预期。货币政策越宽松，代表一年期贷款基准利率逐步降低，此时Loan的变化值应小于0，其与交乘项的系数相乘所得到的乘积也就随之小于0。该乘积的符号和数值分别表明了货币政策对于并购商誉与经营风险间关系的调节方向和调节程度，由于自变量并购商誉的系数也小于0，与该乘积的符号方向一致，这使得在加入交乘项后，总体上并购商誉与经营风险的负相关关系的程度会更加增大，而因变量Zscore值越小表示企业经营风险越大，因此说明了宽松的货币政策会强化并购商誉对于企业经营风险的提升作用。

表6-4　货币政策、企业并购商誉和经营风险

变量	（1）Zscore	（2）Zscore 宽松货币政策	（3）Zscore 紧缩货币政策
GW	−15.988*** (−5.547)	−6.548*** (−12.525)	−6.171*** (−6.664)
GW×Loan	2.014*** (3.413)		

续表

变量	(1)	(2)	(3)
	Zscore	Zscore	Zscore
		宽松货币政策	紧缩货币政策
Loan	0.289***		
	(2.832)		
Size	0.481***	0.404***	0.558***
	(13.562)	(8.386)	(10.333)
Lev	−13.851***	−14.246***	−13.630***
	(−71.759)	(−52.989)	(−48.312)
Firstshr	−0.007***	−0.003	−0.008***
	(−3.537)	(−1.215)	(−2.755)
Dual	0.008	−0.007	0.050
	(0.127)	(−0.085)	(0.526)
ROA	7.863***	9.971***	6.395***
	(9.163)	(8.291)	(5.099)
Growth	−0.188**	−0.142	−0.134
	(−2.322)	(−1.265)	(−1.143)
Board	−0.569***	−0.429**	−0.665***
	(−3.896)	(−2.174)	(−3.048)
GDPRATE	−0.079***	−0.011	0.377***
	(−3.238)	(−0.101)	(3.922)
BTM	−10.069***	−9.334***	−10.945***
	(−58.063)	(−40.067)	(−40.138)
PEG	0.218	−0.265	0.570
	(0.818)	(−0.668)	(1.564)
Big4	−0.014	0.015	0.006
	(−0.117)	(0.090)	(0.031)
SOE	0.284***	0.187**	0.295***
	(4.267)	(2.034)	(2.979)
_cons	5.149***	6.890***	2.123
	(5.129)	(5.716)	(1.377)

续表

变量	(1)	(2)	(3)
	Zscore	Zscore	Zscore
		宽松货币政策	紧缩货币政策
Year/Industry	控制	控制	控制
样本量	18242	9902	8340
调整后的 R^2	0.562	0.567	0.562

注: *表示在 10%水平上显著, * *表示在 5%水平上显著, * * *表示在 1%水平上显著。

第 (2) 列和第 (3) 列采用了数量型货币政策变量广义货币年供应量作为分组变量,将样本企业所处时期分为宽松货币政策期和紧缩货币政策期两组进行分组回归。结果表明,在宽松货币政策时期,规模越大的企业并购商誉对企业经营风险的提升作用会更大,符合本章相关假设。此外,采用 Chowtest 检验对分组后各组的组间差异进行检验,p 值为 0.000,表明各组组间差异显著。

综合来看,多元回归结果验证了本章假设 6-1,表明货币政策越宽松,并购商誉会进一步提高企业的经营风险。

6.4.3.2　货币政策、企业并购商誉和融资约束

表 6-5 展示了货币政策对企业并购商誉与企业融资约束之间关系的调节作用。其中,第 (1) 列是在价格型货币政策变量一年期贷款基准利率影响下企业并购商誉变量对企业融资约束影响的多元回归结果。自变量企业并购商誉变量的回归系数为 7.736,在 1%水平上显著为正,与货币政策变量一年期贷款基准利率的交乘项系数为-1.271,在 1%水平上显著为负,符号与显著性都符合预期。货币政策越宽松,代表一年期贷款基准利率逐步降低,此时 Loan 的变化值应小于 0,其与交乘项的系数相乘所得到的乘积也就随之大于 0。该乘积的符号和数值分别表示了货币政策对于并购商誉与融资约束间关系的调节方向和调节程度,由于自变量并购商誉的系数也大于 0,与该乘积的符号方向一致,这使在加入交乘项后,总体上并购商誉与融资约束的正相关关系的程度会更加增大,而因变量 KZ 值越大表示企业融资约束越大,因此说明了宽松的货币政策会强化并购商誉给企业造成的融资约束。

表6-5　货币政策、企业并购商誉和融资约束

变量	（1） KZ	（2） KZ 宽松货币政策	（3） KZ 紧缩货币政策
GW	7.736***	1.723***	0.088
	(6.699)	(8.742)	(0.223)
GW×Loan	-1.271***		
	(-5.377)		
Loan	1.430***		
	(34.932)		
Size	-0.059***	-0.108***	-0.009
	(-4.120)	(-5.952)	(-0.411)
Lev	6.718***	6.239***	7.126***
	(86.874)	(61.542)	(59.394)
Firstshr	-0.007***	-0.007***	-0.007***
	(-9.302)	(-6.467)	(-5.589)
Dual	-0.133***	-0.126***	-0.103**
	(-5.138)	(-3.803)	(-2.539)
ROA	-22.831***	-22.605***	-22.974***
	(-66.409)	(-49.852)	(-43.071)
Growth	-0.167***	-0.204***	-0.103**
	(-5.137)	(-4.807)	(-2.065)
Board	-0.268***	-0.202***	-0.325***
	(-4.578)	(-2.714)	(-3.508)
GDPRATE	-0.176***	0.277***	0.564***
	(-17.965)	(6.598)	(13.825)
BTM	-2.802***	-2.085***	-3.708***
	(-40.325)	(-23.732)	(-31.979)
PEG	0.163	0.050	0.198
	(1.531)	(0.335)	(1.274)
Big4	-0.143***	-0.113*	-0.117
	(-2.867)	(-1.856)	(-1.408)

续表

变量	(1)	(2)	(3)
	KZ	KZ	KZ
		宽松货币政策	紧缩货币政策
SOE	0. 116 ***	0. 133 ***	0. 049
	(4. 351)	(3. 835)	(1. 167)
_cons	− 2. 969 ***	3. 002 ***	− 1. 019
	(−7. 382)	(6. 605)	(−1. 555)
Year/Industry	控制	控制	控制
样本量	18242	9902	8340
调整后的 R^2	0. 633	0. 616	0. 654

注：＊表示在 10%水平上显著，＊＊表示在 5%水平上显著，＊＊＊表示在 1%水平上显著。

第（2）列和第（3）列采用了数量型货币政策变量广义货币年供应量作为分组变量，将样本企业所处时期分为宽松货币政策期和紧缩货币政策期两组进行分组回归。结果表明，在宽松货币政策时期，企业并购商誉规模越大，企业融资约束的程度会更大且更显著，符合本章相关假设。此外，采用 Chowtest 检验对分组后各组的组间差异进行检验，p 值为 0.000，表明各组组间差异显著。

综合来看，多元回归结果验证了本章假设 6-2，表明货币政策越宽松，并购商誉会进一步加大企业的融资约束。

6.4.3.3 货币政策、企业并购商誉和投资效率

表 6-6 展示了货币政策对企业并购商誉与企业投资效率之间关系的调节作用。其中，第（1）列是在价格型货币政策变量一年期贷款基准利率影响下企业并购商誉变量对企业投资效率虚拟变量影响的多元回归结果。自变量企业并购商誉变量的回归系数为−6.329，在 1%水平上显著为负，与货币政策变量一年期贷款基准利率的交乘项系数为 1.446，在 1%水平上显著为正，符号与显著性都符合预期。货币政策越宽松，代表一年期贷款基准利率逐步降低，此时 Loan 的变化值应小于 0，其与交乘项的系数相乘所得到的乘积也就小于 0。该乘积的符号和数值分别表示了货币政策对于并购商誉与投资效

· 143 ·

率间关系的调节方向和调节程度，由于自变量并购商誉的系数也小于 0，与该乘积的符号方向一致，这使得在加入交乘项后，总体上并购商誉与投资效率的负相关关系的程度会增大，而因变量 Invest 值为 0 时表示企业投资效率低且投资不足，因此说明越宽松的货币政策越会加剧并购商誉对于企业投资效率的负面影响。

表 6-6　货币政策、企业并购商誉和投资效率

变量	（1） Invest	（2） InefficInvest 宽松货币政策	（3） InefficInvest 紧缩货币政策
GW	−6.329*** （−3.545）	0.123*** （11.189）	0.082*** （11.749）
GW×Loan	1.446*** （3.937）		
Loan	0.056 （0.881）		
Size	0.118*** （5.368）	−0.002*** （−2.976）	−0.002*** （−3.559）
Lev	0.713*** （5.889）	0.006* （1.674）	0.010*** （2.882）
Firstshr	−0.004*** （−3.266）	0.000 （0.656）	0.000 （1.249）
Dual	0.072* （1.766）	0.002* （1.834）	0.002 （1.473）
ROA	0.168 （0.311）	0.019 （1.129）	0.052*** （3.340）
Growth	0.382*** （7.660）	0.016*** （10.111）	0.018*** （11.825）
Board	−0.078 （−0.871）	0.000 （0.110）	−0.006** （−2.506）

续表

变量	（1） Invest	（2） InefficInvest 宽松货币政策	（3） InefficInvest 紧缩货币政策
GDPRATE	−0.029	0.001 ***	0.003 ***
	（−1.376）	（3.082）	（5.133）
BTM	0.392 ***	−0.008 **	−0.013 ***
	（3.618）	（−2.373）	（−4.204）
PEG	0.214	0.002	−0.005
	（1.270）	（0.312）	（−0.939）
Big4	−0.080	−0.002	−0.000
	（−1.065）	（−0.784）	（−0.057）
SOE	−0.048	−0.006 ***	−0.007 ***
	（−1.194）	（−4.469）	（−5.612）
_ cons	−3.476 ***	0.071 ***	0.075 ***
	（−5.744）	（4.203）	（4.803）
Year/Industry	控制	控制	控制
样本量	16495	7968	8529
调整后的 R^2	0.030	0.082	0.137

注：＊表示在10%水平上显著，＊＊表示在5%水平上显著，＊＊＊表示在1%水平上显著。

第（2）列和第（3）列采用了数量型货币政策变量广义货币年均增长率作为分组变量，将样本企业所处时期分为宽松货币政策期和紧缩货币政策期两组进行分组回归。结果表明，在宽松货币政策时期，规模越大的企业并购商誉越会降低企业的投资效率，符合本章相关假设。此外，采用 Chowtest 检验对分组后各组的组间差异进行检验，p 值为 0.000，表明各组组间差异显著。

综合来看，多元回归结果验证了本章假设 6-3，表明货币政策越宽松，并购商誉会进一步降低企业的投资效率。

6.5 稳健性测试

为确保上述言论的稳健性，本章进行了稳健性测试。

6.5.1 替换变量检验

为降低变量度量误差对研究结果的影响，本章通过对变量进行替换的方法开展稳健性测试。参考 Richardson（2006）、鞠晓生等（2013）的研究，分别选取了公司年营业收入增长率（Growth）作为企业经营风险的替换变量、SA 指数作为企业融资约束的替换变量、基于非效率投资模型（Richardson，2006）计算得到的残差本身（InvestDegree）作为企业投资效率的替换变量。表 6-7 展示了替换变量后的多元回归结果。其中，第（1）列是替换了经营风险因变量后，在价格型货币政策变量一年期贷款基准利率影响下企业并购商誉变量对企业经营风险变量影响的多元回归结果。自变量企业并购商誉变量的回归系数为 - 1.105，在 1% 水平上显著为负，与货币政策变量一年期贷款基准利率的交乘项系数为 0.427，在 1% 水平上显著为正，符号与显著性都符合预期，表明货币政策越宽松，并购商誉会进一步提高企业的经营风险。第（2）列是替换了融资约束因变量后，在价格型货币政策变量一年期贷款基准利率影响下企业并购商誉变量对企业融资约束变量影响的多元回归结果。自变量企业并购商誉变量的回归系数为 - 1.069，在 1% 水平上显著为负，与货币政策变量一年期贷款基准利率的交乘项系数为 0.185，在 1% 水平上显著为正，符号与显著性都符合预期，表明货币政策越宽松，并购商誉会进一步加大企业的融资约束。第（3）列是替换了投资效率因变量后，在价格型货币政策变量一年期贷款基准利率影响下企业并购商誉变量对企业投资效率变量影响的多元回归结果。自变量企业并购商誉变量的回归系数为 - 0.309，在 1% 水平上显著为负，与货币政策变量一年期贷款基准利率的交乘项系数为 0.073，在 1% 水平上显著为正，符号与显著性都符合预期，表明货币政策越宽松，并购商誉会进一步降低企业的投资效率。

表 6-7　替换变量检验

变量	(1)	(2)	(3)
	Growth	SA	InvestDegree
GW	−1.105***	−1.069***	−0.309***
	(−4.181)	(−6.435)	(−6.155)
GW×Loan	0.427***	0.185***	0.073***
	(7.900)	(5.452)	(7.044)
Loan	−0.063***	0.072***	0.001
	(−6.739)	(12.159)	(0.490)
Size	−0.002	0.027***	0.003***
	(−0.520)	(13.415)	(4.400)
Lev	0.382***	−0.193***	0.020***
	(21.860)	(−17.322)	(5.849)
Firstshr	0.000**	0.002***	−0.000
	(2.154)	(18.455)	(−1.357)
Dual	0.010*	0.035***	0.003**
	(1.683)	(9.400)	(2.570)
ROA	1.960***	−0.383***	−0.021
	(25.338)	(−7.743)	(−1.421)
Growth	—	0.027***	0.014***
		(5.833)	(10.192)
Board	−0.025*	−0.008	0.000
	(−1.863)	(−0.926)	(0.007)
GDPRATE	0.036***	0.031***	−0.000
	(16.042)	(21.744)	(−0.486)
BTM	−0.001	−0.034***	0.015***
	(−0.077)	(−3.374)	(4.988)
PEG	−0.039	−0.030**	0.008
	(−1.577)	(−1.963)	(1.609)

续表

变量	(1)	(2)	(3)
	Growth	SA	InvestDegree
Big4	-0.056***	0.115***	-0.003
	(-4.950)	(16.063)	(-1.293)
SOE	-0.039***	-0.080***	-0.002
	(-6.374)	(-20.911)	(-1.540)
_cons	0.101	-4.796***	-0.083***
	(1.095)	(-82.906)	(-4.772)
Year/Industry	控制	控制	控制
样本量	18242	18242	16497
调整后的 R^2	0.126	0.308	0.043

注：＊表示在10％水平上显著，＊＊表示在5％水平上显著，＊＊＊表示在1％水平上显著。

6.5.2 公司层面聚类分析

本章基于公司层面对多元回归模型进行聚类处理，参考了林钟高和丁茂桓（2017）等的研究，相关多元回归结果如表6-8所示。结果表明，采用聚类回归方法之后，第（1）~（3）列中自变量企业并购商誉的回归系数分别为-15.988、7.736、-6.329，且都在1％水平上显著，其与调节变量一年期贷款基准利率的交乘项系数分别为2.014、-1.271、1.446，在5％或1％水平上显著，符号与预期假设相一致。综合来看，采用公司层面聚类回归之后相关主要分析变量的符号没有改变，且具有统计意义上的显著性，从而支持本章的假设推理，表明本章结论具有稳健性。

表6-8 公司层面聚类分析

变量	(1)	(2)	(3)
	Zscore	KZ	Invest
GW	-15.988***	7.736***	-6.329***
	(-3.980)	(5.162)	(-3.678)

续表

变量	（1）	（2）	（3）
	Zscore	KZ	Invest
GW×Loan	2.014**	-1.271***	1.446***
	(2.245)	(-4.127)	(4.044)
Loan	0.289***	1.430***	0.056
	(3.226)	(33.546)	(0.872)
Size	0.481***	-0.059**	0.118***
	(6.867)	(-2.462)	(4.438)
Lev	-13.851***	6.718***	0.713***
	(-31.005)	(54.949)	(5.538)
Firstshr	-0.007*	-0.007***	-0.004***
	(-1.828)	(-5.803)	(-2.940)
Dual	0.008	-0.133***	0.072
	(0.068)	(-3.393)	(1.644)
ROA	7.863***	-22.831***	0.168
	(3.844)	(-36.203)	(0.288)
Growth	-0.188**	-0.167***	0.382***
	(-2.391)	(-3.889)	(7.547)
Board	-0.569**	-0.268***	-0.078
	(-2.188)	(-3.078)	(-0.754)
GDPRATE	-0.079***	-0.176***	-0.029
	(-3.422)	(-18.051)	(-1.408)
BTM	-10.069***	-2.802***	0.392***
	(-29.083)	(-26.969)	(3.396)
PEG	0.218	0.163	0.214
	(0.782)	(1.541)	(1.297)
Big4	-0.014	-0.143*	-0.080
	(-0.082)	(-1.883)	(-0.890)
SOE	0.284*	0.116***	-0.048
	(2.375)	(2.691)	(-1.046)

续表

变量	(1)	(2)	(3)
	Zscore	KZ	Invest
_cons	5.149***	-2.969***	-3.476***
	(3.142)	(-5.182)	(-5.089)
Year/Industry	控制	控制	控制
样本量	18242	18242	16495
调整后的 R^2	0.562	0.633	0.030

注：*表示在10%水平上显著，**表示在5%水平上显著，***表示在1%水平上显著。

6.5.3 民营企业样本检验

为了降低样本选择误差，本章选取民营企业样本来进行多元回归分析。表6-9展示了民营企业样本下引入调节变量一年期贷款基准利率后对企业并购商誉与相关企业经济后果变量之间关系的影响结果。第（1）列中自变量企业并购商誉的回归系数为-5.244，符号符合预期，其与一年期贷款基准利率的交乘项系数为-0.301，不具有显著性。第（2）~（3）列中自变量企业并购商誉的回归系数分别为7.770、-5.111，符号都符合假设预期，且都在1%水平上显著，其与调节变量一年期贷款基准利率的交乘项系数分别为-1.261、1.200，在1%水平上显著，符号与预期假设相一致。综合来看，回归样本中无论是否包括国有企业样本，相关多元回归主要结果都基本能验证本章的逻辑推理。因此，本章主要结果具有一定的稳健性。

表6-9 民营企业样本检验

变量	(1)	(2)	(3)
	Zscore	KZ	Invest
GW	-5.244	7.770***	-5.111**
	(-1.502)	(5.764)	(-2.557)
GW×Loan	-0.301	-1.261***	1.200***
	(-0.421)	(-4.571)	(2.918)

续表

变量	(1) Zscore	(2) KZ	(3) Invest
Loan	0.645***	1.539***	0.089
	(3.603)	(22.275)	(1.008)
Size	0.596***	−0.094***	0.178***
	(10.982)	(−4.483)	(5.661)
Lev	−16.372***	7.133***	0.525***
	(−58.175)	(65.652)	(3.164)
Firstshr	−0.006*	−0.009***	−0.001
	(−1.928)	(−8.306)	(−0.611)
Dual	0.014	−0.114***	0.118**
	(0.167)	(−3.602)	(2.478)
ROA	6.920***	−22.903***	0.125
	(5.845)	(−50.103)	(0.179)
Growth	−0.329**	−0.195***	0.498***
	(−2.881)	(−4.407)	(7.570)
Board	−0.361*	−0.204**	−0.196
	(−1.682)	(−2.457)	(−1.578)
GDPRATE	−0.111***	−0.167***	−0.029
	(−2.806)	(−10.944)	(−1.088)
BTM	−12.311***	−3.026***	0.393***
	(−49.465)	(−31.490)	(2.705)
PEG	0.677*	0.190	0.293
	(1.748)	(1.271)	(1.248)
Big4	−0.339	−0.325***	−0.060
	(−1.462)	(−3.625)	(−0.454)
_cons	2.591	−3.100***	−4.877***
	(1.642)	(−5.091)	(−5.583)
Year/Industry	控制	控制	控制
样本量	10677	10677	9245
调整后的 R^2	0.574	0.608	0.034

注：*表示在10%水平上显著，**表示在5%水平上显著，***表示在1%水平上显著。

6.5.4　工具变量法

为解决相关结论的内生性问题，本章采用工具变量法来进行多元回归检测。参考 Olivier 等（2017）、陈彦斌等（2013）等的研究，居民收入水平会受到宏观货币政策的影响，宽松的货币会使居民收入有一定增长，居民可支配收入的提升将使居民在满足食品等必需生活支出后，将更多资金用来满足其改善型消费需求，而这种居民消费结构的改变同企业的并购活动并不具有相关关系。恩格尔系数，一定程度上反映了居民消费结构的变化和生活质量的改善程度。因此，本章采用恩格尔系数作为工具变量，将恩格尔系数作滞后一期处理，再进行两阶段最小二乘多元回归。

表 6-10 展示了工具变量法下引入经过一阶段工具变量回归估计出的调节变量一年期贷款基准利率（PrLoan）后对企业并购商誉与相关企业经济后果变量之间关系影响的多元回归结果。第（1）列中自变量企业并购商誉的回归系数为 -9.767，符号符合预期且在 1% 水平上显著，其与经过一阶段工具变量回归估计出的一年期贷款基准利率的交乘项系数为 0.762，符号符合假设预期。第（2）～（3）列中自变量企业并购商誉的回归系数分别为 8.069、-5.906，符号都符合假设预期，且都在 1% 水平上显著，其与经过一阶段工具变量回归估计出的一年期贷款基准利率的交乘项系数分别为 -1.328、1.314，都在 1% 水平上显著，符号也与预期假设相一致。综合来看，相关回归结果基本不会受到内生性问题的影响，因此，本章结果具有一定的稳健性。

表 6-10　工具变量法

变量	（1）	（2）	（3）
	Zscore	KZ	Invest
GW	-9.767***	8.069***	-5.906***
	（-2.973）	（5.582）	（-2.663）
GW×PrLoan	0.762	-1.328***	1.314***
	（1.077）	（-4.266）	（2.745）

续表

变量	（1）	（2）	（3）
	Zscore	KZ	Invest
PrLoan	0.189**	1.444***	0.039
	(2.004)	(34.852)	(0.616)
Size	0.547***	−0.036**	0.095***
	(15.667)	(−2.314)	(4.038)
Lev	−12.932***	6.807***	1.132***
	(−67.215)	(80.417)	(8.543)
Firstshr	−0.008***	−0.007***	−0.004***
	(−4.382)	(−8.710)	(−3.019)
Dual	0.128**	−0.142***	0.065
	(1.973)	(−4.960)	(1.461)
ROA	9.593***	−22.912***	−0.089
	(11.121)	(−60.377)	(−0.150)
Growth	−0.153*	−0.176***	0.438***
	(−1.829)	(−4.788)	(7.805)
Board	−0.470***	−0.315***	−0.033
	(−3.224)	(−4.914)	(−0.340)
GDPRATE	−0.044*	−0.176***	−0.025
	(−1.939)	(−17.696)	(−1.169)
BTM	−9.352***	−2.852***	0.014
	(−55.110)	(−38.200)	(0.124)
PEG	−0.047	0.249*	0.045
	(−0.163)	(1.952)	(0.225)
Big4	−0.163	−0.177***	−0.126
	(−1.311)	(−3.224)	(−1.522)
SOE	0.243***	0.112***	−0.064
	(3.694)	(3.854)	(−1.450)
_cons	3.060***	−3.376***	−2.913***
	(3.136)	(−7.864)	(−4.530)
Year/Industry	控制	控制	控制

续表

变量	（1）	（2）	（3）
	Zscore	KZ	Invest
样本量	15359	15359	13896
调整后的 R^2	0.564	0.638	0.030

注：＊表示在10％水平上显著，＊＊表示在5％水平上显著，＊＊＊表示在1％水平上显著。

6.5.5　去除年份固定效应检验

本书研究的三要变量会受到不随年份变动的相关因素影响，所以在主回归中控制了年份固定效应。但货币政策的一些周期性固有特征可能会导致在控制年份固定效应后，所构造的货币政策相关指标的解释力度被减弱。因此，本章针对相关回归模型去除年份固定效应后进行了多元回归检验。

相关多元回归结果如表 6-11 所示。结果表明，去除年份固定效应后，第（1）～（3）列中自变量企业并购商誉的回归系数分别为 -19.904、15.724、-6.255，且都在 1% 水平上显著，其与调节变量一年期贷款基准利率的交乘项系数分别为 2.760、-2.992、1.424，都在 1% 水平上显著，符号与预期假设相一致。综合来看，去除年份固定效应后相关主要分析变量的符号没有改变，且具有统计意义上的显著性，从而支持本章的假设推理，表明本章结论具有稳健性。

表 6-11　去除年份固定效应回归分析

变量	（1）	（2）	（3）
	Zscore	KZ	Invest
GW	-19.904＊＊＊	15.724＊＊＊	-6.255＊＊＊
	（-7.153）	（12.888）	（-3.632）
GW×Loan	2.760＊＊＊	-2.992＊＊＊	1.424＊＊＊
	（4.834）	（-11.954）	（4.019）
Loan	-0.010	0.004	0.069＊＊＊
	（-0.258）	（0.247）	（2.818）

续表

变量	（1）	（2）	（3）
	Zscore	KZ	Invest
Size	0. 439 ***	−0. 298 ***	0. 116 ***
	（13. 166）	（−20. 371）	（5. 660）
Lev	−13. 826 ***	7. 084 ***	0. 716 ***
	（−72. 395）	（84. 600）	（6. 009）
Firstshr	−0. 007 ***	−0. 008 ***	−0. 004 ***
	（−3. 527）	（−9. 238）	（−3. 280）
Dual	0. 010	−0. 130 ***	0. 073 *
	（0. 162）	（−4. 559）	（1. 786）
ROA	8. 404 ***	−18. 245 ***	0. 212
	（10. 137）	（−50. 192）	（0. 409）
Growth	−0. 193 **	−0. 182 ***	0. 382 ***
	（−2. 386）	（−5. 146）	（7. 694）
Board	−0. 566 ***	−0. 135 **	−0. 076
	（−3. 868）	（−2. 103）	（−0. 848）
GDPRATE	−0. 041 **	0. 147 ***	−0. 023 **
	（−2. 389）	（19. 489）	（−2. 200）
BTM	−9. 774 ***	−0. 889 ***	0. 408 ***
	（−66. 828）	（−13. 861）	（4. 452）
PEG	0. 125	−0. 248 **	0. 177
	（0. 473）	（−2. 138）	（1. 057）
Big4	0. 016	−0. 035	−0. 079
	（0. 130）	（−0. 640）	（−1. 060）
SOE	0. 302 ***	0. 189 ***	−0. 049
	（4. 562）	（6. 506）	（−1. 212）
_cons	7. 056 ***	5. 896 ***	−3. 525 ***
	（8. 015）	（15. 273）	（−6. 546）
Industry	控制	控制	控制
样本量	18242	18242	16495
调整后的 R^2	0. 560	0. 558	0. 029

注：＊表示在 10%水平上显著，＊＊表示在 5%水平上显著，＊＊＊表示在 1%水平上显著。

6.6 宽松货币政策下企业并购商誉
经济后果的形成路径检验

本章在分析宽松货币政策下企业并购商誉经济后果的形成路径时，参考了 Baron 和 Kenny（1986）以及温忠麟和叶宝娟（2014）等的研究，采用检验中介效应的逐步回归方法来对作用机制进行检测。

6.6.1 宽松货币政策下企业并购商誉对经营风险的作用机制检验

根据理论分析与研究假设，本书认为，宽松货币政策下的企业并购商誉通过降低企业盈利能力而使企业经营风险增加。一方面，企业并购商誉金额过大，将对企业的经营业绩产生长期负面影响（郑海英等，2014；魏志华和朱彩云，2019），企业盈利能力的下降导致企业后续发展所需的资源面临短缺，企业后续经营活动的可持续性将受到负面冲击，经营不确定性增强使企业的经营风险随之增大。另一方面，宽松货币政策将进一步推高企业并购商誉规模，从而加剧企业所面临的经营风险程度。

基于中介效应检验方法和上述逻辑推理，首先，进行宽松货币政策下的企业并购商誉对企业经营风险的多元回归检测［见表 6-12 第（1）列］。其次，进行宽松货币政策下的企业并购商誉对企业盈利能力影响的多元回归检测［见表 6-12 第（2）列］。最后，进行宽松货币政策下的企业并购商誉和中介变量企业盈利能力共同对企业经营风险影响的多元回归检测［见表 6-12 第（3）列］。参考郑海英等（2014）等的研究，中介变量企业盈利能力指标选取了企业年度总资产利润率（ROA），该值越大表示企业盈利能力越强。

相关多元回归结果如表 6-12 所示，依据中介效应的逐步回归方法的检测步骤，首先从表 6-12 第（1）列可以看出，并购商誉与因变量 Zscore 呈现显著的负相关关系，并购商誉与货币政策变量（一年期贷款基准利率）的交乘项同因变量 Zscore 呈现显著正相关关系，表明越宽松的货币政策会强化并购商誉对于企业经营风险的提升作用。其次从表 6-12 第（2）列可以看出，并购商誉与盈利能力变量呈现显著的负相关关系，并购商誉与货币政策变量（一年期贷款基准利率）的交乘项同盈利能力变量呈现显著正相关关系，表明企业并购商誉会降低企业盈利能力，而宽松的货币政策将加剧这一负面影响。最后从表 6-12 第（3）列可以看出，宽松货币政策下企业并购商誉与企业盈利能力变量对因变量企业经营风险都有符合预期的显著影响。因此，逐步回归结果表明，中介变量企业盈利能力具有不完全中介效应。从而，作用机制检测证明了企业并购商誉的增长将降低企业盈利能力进而提高企业的经营风险，而宽松货币政策会强化这一影响。

表 6-12 货币政策下企业并购商誉对经营风险的作用机制检验

变量	（1）	（2）	（3）
	Zscore	ROA	Zscore
GW	−16.757***	−0.098***	−15.988***
	（−5.803）	（−3.926）	（−5.547）
GW×Loan	2.109***	0.012**	2.014***
	（3.566）	（2.368）	（3.413）
ROA			7.863***
			（9.163）
Loan	0.404***	0.015***	0.289***
	（3.981）	（16.702）	（2.832）
Size	0.577***	0.012***	0.481***
	（16.998）	（41.726）	（13.562）
Lev	−14.535***	−0.087***	−13.851***
	（−81.487）	（−56.543）	（−71.759）
Firstshr	−0.005***	0.000***	−0.007***
	（−2.688）	（12.614）	（−3.537）
Dual	0.009	0.000	0.008
	（0.134）	（0.098）	（0.127）
Growth	−0.051	0.017***	−0.188**
	（−0.637）	（25.338）	（−2.322）

续表

变量	（1）	（2）	（3）
	Zscore	ROA	Zscore
Board	-0.539***	0.004***	-0.569***
	(-3.684)	(3.008)	(-3.896)
GDPRATE	-0.093***	-0.002***	-0.079***
	(-3.799)	(-8.287)	(-3.238)
BTM	-10.717***	-0.082***	-10.069***
	(-67.523)	(-60.129)	(-58.063)
PEG	0.253	0.004*	0.218
	(0.947)	(1.926)	(0.818)
Big4	-0.006	0.001	-0.014
	(-0.047)	(1.027)	(-0.117)
SOE	0.235***	-0.006***	0.284***
	(3.539)	(-10.787)	(4.267)
_cons	3.429***	-0.219***	5.149***
	(3.469)	(-25.645)	(5.129)
Year/Industry	控制	控制	控制
样本量	18242	18242	18242
调整后的 R^2	0.560	0.395	0.562

注：＊表示在10%水平上显著，＊＊表示在5%水平上显著，＊＊＊表示在1%水平上显著。

6.6.2　宽松货币政策下企业并购商誉对融资约束的作用机制检验

根据理论分析与研究假设，本书认为，宽松货币政策下的企业并购商誉通过提高企业财务杠杆水平而使企业融资约束加剧。宽松的货币政策对企业并购商誉规模具有提升作用，企业在前期受益于宽松货币政策，向外部融入了更多资金实施并购活动，这将导致企业财务杠杆的扩大和商誉规模的过快增长，财务风险逐步累积。这种财务指标和风险的非合理状况将制约企业后续的外源融资需求，银行等外部融资机构对企业的信贷要求将更严苛，企业的债务融资成本也将更高，因此，这将在后续加剧企业的融资约束困境。

基于中介效应检验方法和上述逻辑推理，首先，进行宽松货币政策下的企业并购商誉对企业融资约束影响的多元回归检测［见表 6-13 第（1）列］。其次，进行宽松货币政策下的企业并购商誉对企业财务杠杆水平影响的多元回归检测［见表 6-13 第（2）列］。最后，进行宽松货币政策下的企业并购商誉和中介变量企业财务杠杆水平共同对企业融资约束影响的多元回归检测［见表 6-13 第（3）列］。参考况学文等（2019）等的研究，中介变量企业财务杠杆水平指标选取了企业财务杠杆率（Finlev），该值越大表示企业财务杠杆水平越高，债务风险也更大。

相关多元回归结果如表 6-13 所示，依据中介效应的逐步回归方法的检测步骤，首先从表 6-13 第（1）列可以看出，并购商誉与因变量 KZ 指数呈现显著的正相关关系，并购商誉与货币政策变量（一年期贷款基准利率）的交乘项同因变量 KZ 指数呈现显著负相关关系，表明越宽松的货币政策会加剧并购商誉对于企业的融资约束。其次从表 6-13 第（2）列可以看出，并购商誉与企业财务杠杆水平呈现显著的正相关关系，并购商誉与货币政策变量（一年期贷款基准利率）的交乘项同企业财务杠杆水平变量呈现显著负相关关系，表明企业并购商誉会提高企业财务杠杆水平，而宽松的货币政策将加剧这一负面影响。最后从表 6-13 第（3）列可以看出，宽松货币政策下企业并购商誉与企业财务杠杆水平变量对因变量企业融资约束都有符合预期的显著影响。因此，逐步回归结果表明，中介变量企业财务杠杆水平具有不完全中介效应。从而，作用机制检测证明了企业并购商誉的增长将提高企业财务杠杆水平进而加大了企业的融资约束，而宽松货币政策会强化这一影响。

表 6-13　货币政策下企业并购商誉对融资约束的作用机制检验

变量	(1)	(2)	(3)
	KZ	Finlev	KZ
GW	7.871***	1.492**	7.805***
	(6.808)	(2.367)	(6.748)
GW×Loan	-1.297***	-0.295**	-1.283***
	(-5.480)	(-2.283)	(-5.418)

续表

变量	（1）	（2）	（3）
	KZ	Finlev	KZ
Finlev			0.055 ***
			（4.070）
Loan	1.430 ***	0.182 ***	1.422 ***
	（34.947）	（8.131）	（34.644）
Size	−0.058 ***	−0.029 ***	−0.057 ***
	（−4.084）	（−3.688）	（−3.987）
Lev	6.717 ***	1.586 ***	6.633 ***
	（86.842）	（37.606）	（82.543）
Firstshr	−0.007 ***	−0.003 ***	−0.007 ***
	（−9.325）	（−7.055）	（−9.074）
Dual	−0.134 ***	0.014	−0.135 ***
	（−5.173）	（1.010）	（−5.190）
ROA	−22.829 ***	−5.963 ***	−22.506 ***
	（−66.375）	（−31.798）	（−63.648）
Growth	−0.166 ***	−0.150 ***	−0.158 ***
	（−5.129）	（−8.501）	（−4.850）
Board	−0.268 ***	0.068 **	−0.272 ***
	（−4.577）	（2.126）	（−4.649）
GDPRATE	−0.176 ***	−0.024 ***	−0.175 ***
	（−17.945）	（−4.483）	（−17.815）
BTM	−2.803 ***	0.022	−2.805 ***
	（−40.335）	（0.587）	（−40.361）
PEG	0.164	−0.098 *	0.166
	（1.534）	（−1.685）	（1.553）
Big4	−0.146 ***	−0.105 ***	−0.140 ***
	（−2.934）	（−3.865）	（−2.816）
SOE	0.116 ***	−0.006	0.117 ***
	（4.348）	（−0.427）	（4.376）
_cons	−2.983 ***	0.715 ***	−3.026 ***
	（−7.417）	（3.259）	（−7.515）
Year/Industry	控制	控制	控制

续表

变量	(1)	(2)	(3)
	KZ	Finlev	KZ
样本量	18237	18216	18216
调整后的 R^2	0.633	0.283	0.633

注：＊表示在10%水平上显著，＊＊表示在5%水平上显著，＊＊＊表示在1%水平上显著。

6.6.3 宽松货币政策下企业并购商誉对投资效率的作用机制检验

根据理论分析与研究假设，本书认为，宽松货币政策下的企业并购商誉通过减少企业研发投资而使企业整体投资不足和投资效率下降。更高金额的企业并购商誉将占用企业有限的可投资资源，造成企业后续研发投资的不足，在货币政策更加宽松的条件下，企业并购商誉规模的快速增长也将持续挤占对包括研发在内的其他类型活动的投资资源，从而对企业整体投资效率造成负面影响。

基于中介效应检验方法和上述逻辑推理，首先，进行宽松货币政策下的企业并购商誉对企业投资效率影响的多元回归检测［见表6-14第（1）列］。其次，进行宽松货币政策下的企业并购商誉对企业研发投资影响的多元回归检测［见表6-14第（2）列］。最后，进行宽松货币政策下的企业并购商誉和中介变量企业研发投资共同对企业投资效率影响的多元回归检测［见表6-14第（3）列］。参考李世刚等（2022）等的研究，中介变量企业研发投资指标选取了企业研发年度支出占当年度企业营业收入的比重（R&D）来衡量，该值越大表示企业研发投资越多。

相关多元回归结果如表6-14所示，依据中介效应的逐步回归方法的检测步骤，首先从表6-14第（1）列可以看出，并购商誉与因变量投资效率虚拟变量呈现显著的负相关关系，并购商誉与货币政策变量（一年期贷款基准利率）的交乘项同因变量投资效率虚拟变量呈现显著正相关关系，表明越宽松的货币政策会强化并购商誉对于企业投资效率的降低作用。其次从表6-14第（2）列可以看出，并购商誉与企业研发投资变量呈现显著的负相关关系，并购商誉与货币政策变量（一年期贷款基准利率）的交乘项同研发投资变量呈现显著正相关关系，表明企业并购商誉会减少企业研发投资，而宽松的货币政策将加剧这一负面影响。最后从表6-14第（3）列可以看出，宽松货币政策下企业并购商誉与企业研发投资能力变量对因变量投资效率虚拟变量都有符合预期的显著影响。因此，逐步回归结果表明，中介变量企业研发投资具有不完全中介效应。从而，作用机制检测证明了企业并购商誉的增长将减少企业研发投资进而降低企业整体投资效率，而宽松货币政策会强化这一影响。

表6-14　货币政策下企业并购商誉对投资效率的作用机制检验

变量	（1）	（2）	（3）
	Invest	R&D	Invest
GW	−5.861***	−10.596***	−6.270***
	(−3.097)	(−3.207)	(−3.217)
GW×Loan	1.363***	2.276***	1.435***
	(3.490)	(3.326)	(3.554)
R&D			0.009*
			(1.659)
Loan	0.093	1.216***	0.346**
	(1.068)	(3.197)	(2.507)
Size	0.143***	0.283***	0.153***
	(5.318)	(5.766)	(5.343)
Lev	0.531***	−5.354***	0.523***
	(3.576)	(−19.865)	(3.265)
Firstshr	−0.004***	−0.013***	−0.003**
	(−2.874)	(−4.826)	(−2.153)
Dual	0.070	0.371***	0.087*
	(1.530)	(4.532)	(1.822)
ROA	0.294	−11.937***	0.342
	(0.461)	(−10.369)	(0.507)
Growth	0.454****	−0.574***	0.493***
	(7.042)	(−4.893)	(6.898)

续表

变量	（1）Invest	（2）R&D	（3）Invest
Board	−0. 195 * （−1. 799）	0. 113 （0. 579）	−0. 220 * （−1. 936）
GDPRATE	−0. 032 （−1. 436）	−0. 306 *** （−4. 565）	−0. 033 （−1. 495）
BTM	0. 397 *** （3. 121）	−4. 302 *** （−18. 810）	0. 495 *** （3. 662）
PEG	0. 219 （1. 077）	−0. 324 （−0. 850）	0. 291 （1. 306）
Big4	−0. 084 （−0. 934）	0. 385 ** （2. 338）	−0. 128 （−1. 317）
SOE	−0. 021 （−0. 414）	−0. 295 *** （−3. 218）	−0. 004 （−0. 077）
_cons	−3. 814 *** （−4. 969）	−0. 520 （−0. 263）	−5. 171 *** （−5. 559）
Year/Industry	控制	控制	控制
样本量	11861	10739	10729
调整后的 R^2	0. 030	0. 424	0. 034

注：＊表示在10%水平上显著，＊＊表示在5%水平上显著，＊＊＊表示在1%水平上显著。

6.7　拓展性分析——宽松货币政策下企业并购商誉的风险治理

本章对宽松货币政策下企业并购商誉的经济后果的检验表明，企业并购商誉的过度增长将会提高企业的经营风险、加剧企业的融资约束和降低企业整体的投资效率，且这些影响在宽松货币政策下更加显著。因此，有效对货币政策下企业并购商誉所引发的相关风险和问题进行管控就成为当务之急，本章在拓展性分析部分试图从企业所处的外部环境和内部环境出发，探讨宽松货币政策下治理企业并购商誉风险的方法。

6.7.1　宽松货币政策下企业并购商誉风险的外部环境治理

在分析造成当前并购商誉风险的外部成因时，并购交易市场的非理性逐利因素、并购过程中的交易信息不对称、相关并购资源的配置失衡等都应当被涵盖在内。而这些外部环境问题都与地区市场化的发展有一定程度的联系。

根据王小鲁等编写的《中国分省份市场化指数报告（2021）》，一个地区的市场化程度主要包含了市场中介组织的发育和法治环境、要素市场的发育程度、产品市场的发育程度、政府与市场的关系、非国有经济的发展等方面。基于上述市场化程度的细化指标来分析，如果一个地区的市场化程度更高，那么对于并购交易而言，首先，资产评估机构，参与并购交易的律所、会计师事务所等并购相关中介组织将更加成熟规范，这有助于降低并购中的非理性逐利因素。其次，并购要素及相关配套产品更加丰富高效，并购信息传递更加通畅及时，这些都有助于缓解并购中的信息不对称和资源配置失衡问题。最后，政府与市场的关系更加融洽，配合更加高效，政府能及时有效地发现和规范市场发展中的各种潜在风险。

因此，基于上述分析，对于宽松货币政策下企业并购商誉风险的外部环境治理方式，可以从提高地区市场化程度入手，着力建设一个交易更加规范、定价更加客观公允、资源配置更加合理、政府对市场监管更加到位的高水平的市场化并购交易环境，以此来缓解并购商誉过快增长所造成的潜在风险。

根据《中国分省份市场化指数报告（2021）》数据，采用中国各省份市场化程度 Mar 作为调节变量，表6-15 第（1）列展示了中国各省份市场化程度对货币政策与企业并购商誉之间关系的调节作用。在第（1）列中，自变量一年期贷款基准利率的系数为−0.013，在 1% 水平上显著为负，与地区市场化程度变量的交乘项系数为 0.003，其交乘项符号符合预期且在 5% 水平上显著为正。实证检验结果表明，高水平的地区市场化程度将有助于缓解宽松货币政策对企业并购商誉的提升作用，从而对治理并购商誉风险产生积极影响。

6.7.2　宽松货币政策下企业并购商誉风险的内部环境治理

在分析造成当前并购商誉风险的内部成因时，企业高管的代理问题也是导致并购商誉被高额确认的一个重要因素（杜兴强等，2011）。管理层会为了自身短期利益，选择高商誉的并购项目来更快速地达成企业股东对其业绩、市值等指标的考核任务，并从中获取到更快的职务晋升（Donaldson，1984）、更多的股票减持收益（潘洪波等，2019）等私有利益，并且宽松货币政策将为高管获取私利提供更充分的资金支持。

因此，为了解决并购商誉确认中的高管代理问题，可以引入机构投资者来加强对企业高管的监督制约。相关文献也证实了机构投资者在公司治理方面具有积极的效果，能够在增强投资者保护（刘志远和花贵如，2007）、降低关联方资金占用（王琨和肖星，2005）、减少企业违规行为（陆瑶等，2012）、提高企业价值（石美娟和童卫华，2009）等方面起到积极作用。

参考上述研究，采用上市公司的机构投资者持股比例（InsInvestorProp）作为调节变量，表 6-15 第（2）列展示了机构投资者持股比例对货币政策与企业并购商誉之间关系的调节作用。在第（2）列中，自变量一年期贷款基准利率的系数为−0.036，在 1% 水平上显著为负，与机构投资者持股比例的交乘项系数为 0.030，其交乘项符号符合预期且在 1% 水平上显著为正。实证检验结果表明，引入更多的机构投资者将有助于缓解宽松货币政策对企业并购商誉的提升作用，从而对治理并购商誉风险产生积极影响。

表 6-15　货币政策下企业并购商誉的风险治理

变量	（1）	（2）
	GW	GW
Loan	−0.013***	−0.036***
	（−10.320）	（−23.426）
Mar×Loan	0.003**	
	（2.498）	
InsInvestorProp×Loan		0.030***
		（14.397）

续表

变量	（1）	（2）
	GW	GW
Mar	−0.014**	
	（−2.572）	
InsInvestorProp		−0.166***
		（−14.280）
Size	0.003***	0.004***
	（5.367）	（6.281）
Lev	−0.041***	−0.045***
	（−12.313）	（−14.161）
Firstshr	−0.000***	−0.000***
	（−13.275）	（−13.255）
Dual	0.004***	0.003**
	（3.314）	（2.542）
ROA	−0.138***	−0.154***
	（−9.335）	（−10.746）
Growth	0.030***	0.031***
	（22.282）	（23.706）
Board	−0.006**	−0.006***
	（−2.259）	（−2.586）
BTM	−0.002	−0.002
	（−0.674）	（−0.844）
PEG	0.015***	0.012***
	（3.209）	（2.805）
Big4	0.002	0.004*
	（0.869）	（1.690）
SOE	−0.015***	−0.015***
	（−13.506）	（−13.259）
_cons	0.082***	0.211***
	（4.818）	（11.804）
Year/Industry	控制	控制
样本量	16767	18213
调整后的 R^2	0.286	0.296

注：*表示在10%水平上显著，**表示在5%水平上显著，***表示在1%水平上显著。

6.8　本章小结

实务中并购商誉规模不断快速增长，并接连造成了由于大额商誉减值所引发的资本市场动荡，政府相关部门也接连发布了对并购商誉风险的监管报告。这表明，实务中大规模并购商誉所隐藏的风险波及范围广、积累时间长、关注程度高。现有文献对于并购商誉经济后果的研究较为广泛，但主要集中在经营业绩角度，较少涉及企业经营风险、融资约束和投资效率等方面。基于上述现实背景和理论背景，本章选择 2008~2020 年沪深 A 股非金融类上市公司作为研究样本，全面考察宽松货币政策下的并购商誉对企业经营、融资和投资活动的影响，分别选择了经营风险、融资约束和投资效率指标来进行效果和作用机制检验，并采用一系列稳健性测试方法来对相关研究结果进行稳健性测试，还试图从企业内外部环境角度寻找治理高额并购商誉风险的方法。

本章研究发现：首先，货币政策越宽松，并购商誉会进一步提高企业的经营风险。企业并购商誉的增长会降低企业盈利能力，导致企业后期经营发展所需的资源缺乏，进而增加了企业的经营风险，而宽松的货币政策会强化这一影响。这表明，企业商誉规模的增大不利于企业经营活动的可持续发展。其次，货币政策越宽松，并购商誉会进一步加大企业的融资约束。宽松的货币政策将导致企业财务杠杆的扩大和商誉规模的过快增长，财务风险逐步累积，这些财务指标和风险的非合理状况将制约企业后续的外源融资需求，使企业面临融资约束困境。最后，货币政策越宽松，并购商誉会进一步降低企业的投资效率。在货币政策更加宽松的条件下，企业并购商誉规模的快速增长将持续挤占其他活动的投资资源，从而使企业整体投资不足且投资效率下降。在进行稳健性测试后，相关主要结果依然符合预期，说明本章结果具有一定的稳健性。对作用机制进行分析后发现：其一，企业并购商誉的增长将降低企业盈利能力进而提高企业的经营风险，而宽松货币政策会强化这一影响。其二，企业并购商誉的增长将提高企业财务杠杆水平进而加大企业的融资约束，而宽松货币政策会强化这一影响。其三，企业并购商誉的增长将减少企业研发投资进而降低企业整体投资效率，而宽松货币政策会强化这一影响。之后的拓展性分析探讨了货币政策下企业并购商誉风险的治理方式，研究结果表明，对于宽松货币政策下企业并购商誉风险的外部环境治理方式，可以从提高地区市场化程度入手，着力建设一个交易更加规范、定价更加客观公允、资源配置更加合理、政府对市场监管更加到位的高水平的市场化并购交易环境，以此来缓解并购商誉过快增长所造成的潜在风险。对于宽松货币政策下企业并购商誉风险的内部环境治理方式，可以引入机构投资者来加强对企业高管的监督制约，以此缓解并购商誉确认中存在的代理问题。

本章的研究贡献在于：首先，既有文献在企业经营活动视角下主要从经营绩效方面考察并购商誉的经济后果，本书拓展性地从经营风险角度对经济后果和作用路径进行了进一步的研究，深化了这一领域的研究内容。其次，既有文献较少涉及并购商誉对企业融资活动的影响，本书从融资约束视角对货币政策下的并购商誉经济后果及形成路径进行了有益补充，拓宽了商誉经济后果的研究视角。再次，传统经典理论认为，企业投资不足主要源于资金供求双方信息不对称下企业遭遇融资约束进而丧失了投资机会，本书则从企业有限资源分配失衡导致可投资源不足的新视角探讨了并购商誉造成企业后期投资低效（不足）的原因，拓展和加深了相关研究。最后，本书从企业内外部环境分析了化解商誉风险的方法，为相关监管机构提供了新的管理路径，对实务中防范化解重大金融风险有一定的启示和帮助。

第7章 研究结论与展望

当前，我国上市公司并购商誉规模仍然处在高位运行态势，高额并购商誉所引发的金融风险仍然需要持续管控和不断关注。由于并购商誉在我国发展历程较短，相关制度规范不够完善，这导致并购商誉在初始确认过程中存在被高额确认的情况，而商誉的初始确认金额将直接影响到其在企业存续期间的减值计提。近年来，并购商誉被大额计提减值损失的事件层出不穷，这也直接导致了资本市场和金融市场的波动，一定程度上对我国经济的可持续和高质量发展进程产生了负面冲击。因此，有必要站在防范化解重大金融风险的高度，全面认识我国当前商誉确认过程中的相关影响因素和作用机制，进而才能提出化解商誉风险行之有效的手段。鉴于现实背景下宽松货币政策时期商誉规模往往会出现更大规模的增长，而理论界缺乏从宏观货币政策视角来考察其对并购商誉的作用效果，本书试图基于货币传导机制理论、并购商誉理论和资源依赖理论等，研究货币政策对企业并购商誉的影响效果和作用机制，并进一步地从地区层面的区域金融水平、行业层面的行业竞争程度、企业层面的企业代理成本和个人层面的金融背景高管这四大企业内外部环境调控因素着手，考察环境异质性因素对货币政策下企业并购商誉的影响差异。之后又深入研究企业高规模商誉产生后，将会对企业经营层面、融资层面和投资层面产生何种影响。

本章首先对本书的研究结论进行梳理总结；其次根据研究的相关成果，结合现实背景从政府、市场和企业等角度提出解决当前商誉风险的政策建议；最后结合本书研究存在的不足之处对未来的研究内容和方向进行展望。

7.1　研究结论

基于相关理论和实证分析研究，本书得出了如下研究结论：

首先，通过研究货币政策对企业并购商誉的影响效果和作用机制发现，一方面，货币政策越宽松，企业商誉规模越大；另一方面，结构性货币政策会减弱宽松货币政策对企业并购商誉的提升作用。在进行稳健性测试后，相关结果依然符合预期，说明所得结果具有稳健性。在拓展性分析中进一步发现：其一，货币政策通过企业信贷渠道和企业风险承担水平渠道来影响企业并购商誉。其二，宽松的货币政策不仅会使企业并购商誉规模增大，还会加快企业并购商誉增速，提高企业异常超额商誉规模。其三，在制定结构性货币政策时需要考虑政策适用对象的异质性特征，以此来提升货币政策的精准性和有效性。

其次，基于四个层面的环境异质性因素研究货币政策对企业并购商誉的影响差异后发现：其一，区域金融水平越高，宽松货币政策对企业并购商誉的提升作用越强。这表明，地区金融发展能够有效提高资金在内的金融资源使用配置效率，进而进一步增强宽松货币政策对企业并购商誉的影响。其二，行业竞争程度越高，宽松货币政策对企业并购商誉的提升作用越强。这表明，高程度的行业竞争会使行业内的企业更有意愿借助宽松货币政策所带来的充裕资金和更高的风险承担能力来投资商誉金额更大的并购项目以此来获取未来更高的超额收益。其三，企业代理成本越高，宽松货币政策对企业并购商誉的提升作用越强。这表明，企业高管会为了自身私利而更加充分地利用宽松货币政策所带来的更多资金资源投资更多的高商誉并购项目。其四，企业中金融背景高管越多，宽松货币政策对企业并购商誉的提升作用越强。这表明，有金融背景的高管将有助于企业在投资并购项目时获取更充分的并购信贷资金以及提高企业化解投资失败风险的能力。在进行稳健性测试后，相关主要结果仍然符合预期，说明研究结果具有一定程度的稳健性。

最后，通过考察宽松货币政策下的并购商誉对企业经营、融资和投资的影响及作用机制后发现：其一，货币政策越宽松，并购商誉会进一步提高企业的经营风险。企业并购商誉的增长会降低企业盈利能力，导致企业后期经营发展所需的资源缺乏，进而增加了企业的经营风险，而宽松的货币政策会强化这一影响。这表明，企业商誉规模的增大不利于企业经营活动的可持续发展。其二，货币政策越宽松，并购商誉会进一步加大企业的融资约束。宽松的货币政策将导致企业财务杠杆的扩大和商誉规模的过快增长，财务风险逐步累积，这些财务指标和风险的非合理状况将制约企业后续的外源融资需求，使企业面临融资约束困境。其三，货币政策越宽松，并购商誉会进一步降低企业的投资效率。在货币政策更加宽松的条件下，企业并购商誉规模的快速增长将持续挤占其他活动的投资资源，从而使企业整体投资不足且投资效率下降。进行稳健性测试后，相关主要结果依然符合预期，说明研究结果具有一定程度的稳健性。进一步检验作用机制后发现：其一，企业并购商誉的增长将降低企业盈利能力进而提高企业的经营风险，而宽松货币政策会强化这一影响。其二，企业并购商誉的增长将提高企业财务杠杆水平进而加大企业的融资约束，而宽松货币政策会强化这一影响。其三，企业并购商誉的增长将减少企业研发投资进而降低企业整体投资效率，而宽松货币政策会强化这一影响。拓展性分析企业并购商誉风险的内外部环境治理方式之后发现，从外部治理方式角度来看，高水平的地区市场化程度将有助于缓解宽松货币政策对企业并购商誉的提升作用，从而对治理并购商誉风险产生积极影响。从内部治理方式角度来看，引入更多的机构投资者将有助于缓解宽松货币政策对企业并购商誉的提升作用，从而也能够对治理并购商誉风险产生积极影响。

7.2 政策建议

基于研究结论，本书从政府、市场和企业等角度提出解决当前商誉风险的建议。

从政府角度来说，一方面，要继续关注并管控当前高企的存量商誉资产，防止其风险进一步外溢和扩大。近年来，面对上市公司不断增长的商誉规模，中国证监会、证券交易所等都在不断出台相关规范性文件和对现存商誉的风险提示，政府对于商誉风险的主动治理应当继续坚持，同时借鉴在落实企业债务"去杠杆"过程中的有益经验和做法，将其运用到化解高额存量商誉资产过程中，如由政府制定强制性的时间表和路线图来硬性约束和治理商誉规模过大的相关行业和企业，为其在降商誉过程中提供更多"一对一"的指导和服务，这有利于树立治理标杆，引发后续更多力量和资源的支持及帮助。

另一方面，要重点管控不断产生的增量商誉资产规模和增速，这需要从商誉产生源头开始进行治理，即从商誉初始确认环节开始治理。本书认为，政府应当针对商誉初始确认阶段及时补充可操作的规范指南，主要解决当前在商誉初始确认阶段存在的主观差错、能力缺位和暗箱操作等问题和风险。就本书的研究视角而言，由于研究发现越宽松的货币政策会对企业并购商誉产生更大的提升作用，而结构性货币政策的实施有助于缓解上述提升作用，因此，政府在制定诸如货币政策等宏观政策时，应当更多地提升政策的精准性，精准规定政策的适用对象、有效时间、用途范围等细节，着力使货币等资源能够精准投放。

从市场角度来说，由于本书研究发现，高水平的地区市场化程度将有助于缓解宽松货币政策对企业并购商誉的提升作用，从而对治理并购商誉风险产生积极影响。因此，治理高额商誉风险还可以从提高地区市场化程度入手。首先，着重从提高并购交易市场的法制化和规范化入手，出台一系列制度性文件来规范并购交易定价、并购交易合同签订、并购交易责任与义务履行、并购交易纠纷调解和并购违法违规行为惩戒等。其次，从信息质量和资源时效性入手，相关并购交易市场应当建立更加信息化、智能化的数字化并购交易体系，在该体系下着力提升并购相关信息的获取、传递和使用效率，克服信息不对称造成的不合理定价和非理性跟风炒作行为。同时，可以利用大数据、人工智能等高新技术和手段提升并购项目定价的客观公允性，利用大数据来收集同类并购交易的合理价格区间，再由人工智能进行分析判断，可以在一定程度上缓解主观因素带来的非理性定价风险，而更加客观公允的价格也有利于缓解异常超额商誉的过度增长。最后，政府与市场的关系也是市场化程度的重要内容。可以通过提升并购交易市场的市场化程度来进一步理顺在监管并购交易过程中政府所应当扮演的角色。本书认为，在让市场在并购相关资源在配置过程中发挥决定性作用的同时，需要政府在并购市场过热导致商誉风险持续扩大时及时果断出台监管文件和风险提示，以此来与市场形成更加默契和有效的联动。

从企业角度来看，本书检验了企业代理成本对于货币政策与并购商誉的调节作用，并发现当宽松货币政策作用在代理成本更高的企业中时，管理层出于私利会更加充分地利用宽松货币政策所带来的更多资金资源投资更多的高商誉并购项目。鉴于上述研究结论，可以从降低企业代理成本着眼来治理商誉风险，管控企业高管在并购活动中的道德风险和逆向选择。

其一，企业可以引入机构投资者增强股东在公司重大并购交易中的决策话语权，以此强化对企业高管在并购活动中履职行为的监督制约，这对缓解并购商誉确认中存在的代理问题具有积极效果。

其二，由于本书研究还发现，企业中金融背景高管越多，宽松货币政策对企业并购商誉的提升作用越强。因此，高管的相关背景和经历也会影响到其价值创造能力。就并购商誉而言，企业应当加强对金融背景高管的关注和管理，引导并管理他们的金融背景所能带来的相关资源，使这些资源更多用于为公司创造真实且可持续价值的经营、投资活动之中，而不是用于短期业绩提升或职务更快晋升等方面。

其三，本书在第 4 章的机制检验中发现，货币政策通过提升企业风险承担水平渠道来影响企业并购商誉，这意味着越宽松的货币政策会带动企业风险水平更大程度的提高，进而使企业更容易盲目投资导致并购商誉的扩大。因此，在企业日常经营管理过程中，需要将风险管理贯穿到企业各项交易活动之中，也要让企业从管理层到员工都树立风险意识，在企业发展各个阶段都要居安思危、防微杜渐。一个有较强的风险管控意识的企业即使在面对宽松货币政策环境时，也是能够做到时刻保持清醒理性，不盲目追逐并购热点，防范并购炒作下的商誉泡沫破裂风险。因此，为了缓解并购商誉风险，企业有必要建立一套自己的风险管控机制体系，规范从风险识别、风险评估、风险应对到风险信息的沟通和披露等各个方面的细节。同时，还可以通过加强员工和管理层的风险教育培训、与业界风险管控领先企业沟通等方式来持续提高企业和员工的风险管控意识，这些措施在一定程度上对于防范企业并购商誉风险是有积极作用的。

7.3　研究展望

本书在研究理论、研究设计和研究内容方面存在一些不足之处，可以从这些研究不足中去寻找未来进一步研究的思路和方向。

在研究理论方面，本书选取的理论数量较为有限，忽略了一些其他经典理论对于本书研究主题的理论解释效力。本书主要以并购商誉理论、货币政策传导机制理论、代理理论、资源依赖理论等相关理论为基础来对本书的研究主题进行阐释分析，其中，着重运用了货币政策传导机制理论来解释和检验货币政策对企业并购商誉的影响效果和作用机制，虽然从逻辑分析和实证结果上证明了该理论的适用性，但是货币政策对于并购商誉的影响可能还存在其他理论解释的渠道，而与货币资金相关的金融学和经济学经典理论都较为丰富，如货币流动性理论、行为金融学理论等。运用这些理论可能也会对本书的研究主题产生理论解释效力，因此，扩大理论选择范围，后续可以利用其他的金融学和经济学经典理论来研究货币政策与并购商誉之间的关系。

在研究设计方面，对货币政策指标的考察在全面性上还有待提高。本书的货币政策指标变量虽然对构成货币政策工具的价格型货币政策工具、数量型货币政策工具和结构性货币政策工具等大类别项目都所有涉及，但伴随着近年来中国人民银行不断推出新的货币政策工具，特别是创新设立了一系列新的结构性货币政策工具，但受限于这些创新型货币政策工具的相关数据的可获得性以及推出时间较短而实施的实际效果还不明显，本书并没有涉及，这在一定程度上影响了本书对货币政策的解释效力。相信在未来研究过程中，随着这些新型货币政策工具相关数据信息的不断更新，后续研究将能更全面地对货币政策进行系统阐释。

在研究内容方面，本书的研究是基于从主并方当年度整体的并购交易状况来考察当年度企业财务报表层面商誉总体的规模状况，而没有进一步细化到每一笔并购交易层面来对每一笔并购交易下的并购商誉进行分析研究，这使研究内容在深度方面还有待进一步提高。鉴于上述分析，本书认为，未来的研究可以进一步细化到并购交易层面来对并购商誉的影响因素进行更深入的分析考察。另外，还可以基于每一笔并购交易下被并方所具有的特殊情况或专有特征对并购商誉的影响来进行有针对性的案例研究或小样本实证研究，这有利于更深入地研究分析并购商誉的本质属性和影响因素。

参考文献

［1］陈创练．戴明晓．货币政策、杠杆周期与房地产市场价格波动［J］.经济研究，2018（9）：52-67.

［2］陈耿，刘星，辛清泉．信贷歧视、金融发展与民营企业银行借款期限结构［J］.会计研究，2015（4）：40-46+95.

［3］陈建英，杜勇．货币政策宽松化、房地产投资与制造业企业业绩［J］.中南财经大学学报，2018（6）：144-153.

［4］陈良勇．阮荣彬，万文海，林春培．童年贫困经历对企业家社会创业导向的影响机制研究［J］.管理评论，2022，34（3）：153-162+219.

［5］陈彦斌．陈伟泽，陈军，邱哲圣．中国通货膨胀对财产不平等的影响［J］.经济研究，2013，48（8）：4-15+130.

［6］邓建平，曾勇．金融管理能否缓解民营企业的融资约束［J］.金融研究，2011（8）：78-92.

［7］杜兴强，杜颖洁，周泽将．商誉的内涵及其确认问题探讨［J］.会计研究，2011（1）：11-16

［8］杜勇，眭瑾，陈建英．CEO金融背景与实体企业金融化［J］.中国工业经济，2019（5）：136-154.

［9］傅超，王靖懿，傅代国．从无到有，并购商誉是否夸大其实？［J］.中国经济问题，2016（6）：109-123.

［10］傅超，杨曾，傅代国．"同伴效应"影响了企业的并购商誉吗？［J］.中国软科学．2015（11）：94-108.

［11］高磊．产权性质还是市场竞争有利于企业绩效？——基于风险承担视角的检验［J］．经济与管理研究，2018，39（1）：136-144.

［12］葛家澍，杜兴强．中级财务会计学（上）［M］．北京：中国人民大学出版社，2007.

［13］郭晔，徐菲，舒中桥．银行竞争背景下定向降准政策的"普惠"效应——基于 A 股和新三板三农、小微企业数据的分析［J］．金融研究，2019（1）：1-18.

［14］古志辉．全球化情境中的儒家伦理与代理成本［J］．管理世界，2015（3）：113-123.

［15］韩东平，张鹏．货币政策、融资约束与投资效率——来自中国民营上市公司的经验证据［J］．南开管理评论，2015，18（4）：121-129+150.

［16］胡育蓉，范从来．结构性货币政策的运用机理研究［J］．中国经济问题，2017（5）：25-33.

［17］贾盾，孙溪，郭瑞．货币政策公告、政策不确定性及股票市场的预公告溢价效应——来自中国市场的证据［J］．金融研究，2019（7）：76-95.

［18］姜付秀，黄继承．CEO 财务经历与资本结构决策［J］．会计研究，2013（5）：27-34+95.

［19］江伟，李斌．制度环境、国有产权与银行差别贷款［J］．金融研究，2006（11）：116-126.

［20］蒋尧明，杨李娟．并购商誉会影响审计收费吗［J］．当代财经，2020（8）：128-138.

［21］鞠晓生，卢荻，虞义华．融资约束、营运资本管理与企业创新可持续性［J］．经济研究，2013，48（1）：4-16.

［22］况学文，林鹤，陈志锋．企业"恩威并施"对待其客户吗——基于财务杠杆策略性使用的经验证据［J］．南开管理评论，2019，22（4）：44-55.

［23］赖黎，巩亚林，夏晓兰，马永强．管理者从军经历与企业并购［J］．世界经济，2017，40（12）：141-164.

[24] 李丹蒙，叶建芳，卢思琦，曾森．管理层过度自信、产权性质与并购商誉 [J]．会计研究，2018（10）：50-57.

[25] 黎来芳，张伟华，陆琪睿．会计信息质量对民营企业债务融资方式的影响研究——基于货币政策的视角 [J]．会计研究，2018（4）：66-72.

[26] 林建浩，黄志刚，林朝颖．货币政策组合对企业微观的风险传导效应研究 [J]．财贸研究，2017，28（4）：43-49.

[27] 林勇峰，鲁威朝，陈汉文．商誉与商誉减值：基于上市公司现状的深层分析 [N]．上海证券报，2017-04-15（4）.

[28] 林钟高，丁茂桓．内部控制缺陷及其修复对企业债务融资成本的影响 [J]．会计研究，2017（4）：73-80+96.

[29] 李善民，毛雅娟，赵晶晶．高管持股、高管的私有收益与公司的并购行为 [J]．管理科学，2009（6）：2-12.

[30] 李世刚，蒋煦涵，蒋尧明．连锁股东与企业创新 [J]．南开管理评论，2022（5）：44-55.

[31] 刘澜飚，尹海晨，张靖佳．中国结构性货币政策信号渠道的有效性研究 [J]．现代财经（天津财经大学学报），2017，37（3）：12-22.

[32] 刘淑莲，张广宝，耿琳．并购对价方式选择：公司特征与宏观经济冲击 [J]．审计与经济研究，2012，27（4）：55-65.

[33] 刘媛媛，钟覃琳．货币紧缩、现金锁定与现金持有价值 [J]．会计研究，2018（2）：55-61.

[34] 刘志远，花贵如．政府控制、机构投资者持股与投资者权益保护 [J]．财经研究，2009，35（4）：119-130.

[35] 李小荣，张瑞君．股权激励影响风险承担：代理成本还是风险规避？[J]．会计研究，2014（1）：57-63+95.

[36] 陆瑶，朱玉杰，胡晓元．机构投资者持股与上市公司违规行为的实证研究 [J]．南开管理评论，2012，15（1）：13-23.

[37] 陆正飞，杨德明．商业信用：替代性融资，还是买方市场？[J]．管理世界，2011（4）：6-14+45+2.

[38] 潘红波，尧晓琼，张哲．并购套利观：来自内部人减持的经验证

据［J］. 经济管理，2019（3）：107-123.

［39］彭俞超，方意. 结构性货币政策、产业结构升级与经济稳定［J］. 经济研究，2016，51（7）：29-42+86.

［40］彭俞超，韩珣，李建军. 经济政策不确定性与企业金融化［J］. 中国工业经济，2018（1）：137-155.

［41］齐红倩，李志创. 金融发展与金融一体化对消费风险分担的影响研究［J］. 经济科学，2018（3）：89-101.

［42］饶品贵，姜国华. 货币政策、信贷资源配置与企业业绩［J］. 管理世界，2013（3）：12-22+47+187.

［43］申俊喜，曹源芳，封思贤. 货币政策的区域异质性效应——基于中国31个省域的实证分析［J］. 中国工业经济，2011（6）：36-46.

［44］石美娟，童卫华. 机构投资者提升公司价值吗？——来自后股改时期的经验证据［J］. 金融研究，2009（10）：150-161.

［45］宋旺，钟正生. 我国货币政策区域效应的存在性及原因——基于最优货币区理论的分析［J］. 经济研究，2006（3）：46-58.

［46］孙诗璐，张斐燕，郑建明，刘艳霞. 放松卖空管制能够抑制并购商誉泡沫吗？［J］. 金融研究，2021（11）：189-206.

［47］唐绍祥. 我国总体并购活动与宏观经济变量的关联性研究——对我国并购浪潮成因的分析［J］. 数量经济技术经济研究，2007（1）：83-91.

［48］田园，高利芳. 卖空管制放松能够抑制企业商誉泡沫吗？［J］. 财贸研究，2021，32（9）：96-110.

［49］王琨，肖星. 机构投资者持股与关联方占用的实证研究［J］. 南开管理评论，2005（2）：27-33.

［50］王明琳，徐萌娜，王河森. 利他行为能够降低代理成本吗——基于家族企业中亲缘利他行为的实证研究［J］. 经济研究，2014（3）：144-157.

［51］王文姣，傅超，傅代国. 并购商誉是否为股价崩盘的事前信号？——基于会计功能和金融安全视角［J］. 财经研究，2017（9）：76-87.

［52］王晓亮，田昆儒，蒋勇. 金融生态环境与政府投融资平台企业投资效率研究［J］. 会计研究，2019（6）：13-19.

［53］王小鲁，胡李鹏，樊纲．中国分省份市场化指数报告（2021）［M］．北京：社会科学文献出版社，2021.

［54］王竹灵，王贞洁，李静．经营风险与运营资金融资决策［J］．会计研究，2017（5）：60-67+97.

［55］魏志华，朱彩云．超额商誉是否成为企业经营负担——基于产品市场竞争能力视角的解释［J］．中国工业经济，2019（11）：174-192.

［56］温忠麟，叶宝娟．中介效应分析：方法和模型发展［J］．心理科学进展，2014，22（5）：731-745.

［57］谢纪刚，张秋生．股份支付、交易制度与商誉高估——基于中小板公司并购的数据分析［J］．会计研究，2013（12）：47-52.

［58］谢军，贾志忠．宏观货币政策和区域金融发展程度对企业投资及其融资约束的影响［J］．金融研究，2014（11）：64-78.

［59］许光建，吴珊．全球金融危机以来我国的货币政策工具及其创新［J］．行政管理改革，2015（11）：28-31.

［60］徐虹，林钟高，陈洁．经济发展水平影响同属管辖并购吗——基于货币政策区域异质性效应视角的研究［J］．财贸研究，2016，27（5）：107-117.

［61］徐经长，张东旭，刘欢欢．并购商誉信息会影响债务资本成本吗？［J］．中央财经大学学报，2017（3）：109-118.

［62］徐雨婧，胡珺．货币政策、管理者过度自信与并购绩效［J］．当代财经，2019（7）：85-95.

［63］杨兴全，尹兴强．谁受到了货币政策的有效调控？——基于上市公司投资行为的研究［J］．会计研究，2017（4）：3-11+95.

［64］杨雪峰．中美非常规货币政策比较：理论与实践［J］．学术交流，2015（6）：120-123.

［65］闫先东，刘西，马国南．中国法定存款准备金政策动机与货币政策效应［J］．金融研究，2012（12）：38-53.

［66］姚余栋，李宏瑾．中国货币政策传导信贷渠道的经验研究：总量融资结构的新证据［J］．世界经济，2013（36）：3-32.

［67］叶苗苗，徐四星，蔡永斌．并购商誉对企业社会责任影响的效应分析［J］．统计与决策，2020，36（13）：167-170.

［68］袁然，魏浩．高管海外经历与中国企业国际化［J］．财贸研究，2022，33（5）：73-85.

［69］张成思，计兴辰．前瞻性货币政策转型与资产价格预期管理效果评估［J］．国际金融研究，2019（5）：3-12.

［70］张鸣，郭思永．高管薪酬利益驱动下的企业并购——来自中国上市公司的经验证据［J］．财经研究，2007（12）：103-113.

［71］张璞，范小云．货币政策波动对企业融资成本的非线性影响效应［J］．统计与决策，2012（12）：138-143.

［72］章上峰，方琪，程灿，胡婷婷．经济不确定性与最优财政货币政策选择［J］．财政研究，2020（1）：74-86.

［73］张迎春，王璐，邓菊秋．货币政策、管理者心理偏差与银行风险承担［J］．财经科学，2019（1）：27-38.

［74］赵纯祥，杨快．货币政策、银行监督与企业盈余管理［J］．经济经纬，2019（3）：102-109.

［75］郑海英，刘正阳，冯卫东．并购商誉能提升公司业绩吗？［J］．会计研究，2014（3）：11-17+95.

［76］郑春美，李晓．并购商誉与审计服务定价［J］．审计研究，2018（6）：113-120.

［77］周泽将，王浩然，雷玲．商誉存在顺周期效应吗？［J］．会计研究，2021（4）：49-59.

［78］朱莲美，杨以诺．并购商誉是否影响企业创新投入？——来自中国战略新兴产业的经验考察［J］．经济经纬，2020（4）：99-107.

［79］Altamuro J．，Beatty A. L．，Weber J. The Effects of Accelerated Revenue Recognition on Earnings Management and Earnings Informativeness：Evidence from SEC Staff Accounting Bulletin No. 101［J］．The Accounting Review，2005，80（2）：373-401.

［80］Amihud Y．，Lev B. Risk Reduction as a Managerial Motive for Conglomerate Mergers [J]. Bell Journal of Economics, 1981, 12 (2): 605-617.

[81] Baron R. M. , Kenny D. A. The Moderator-Mediator Variable Distinction in Social Psychological Research: Conceptual, Strategic, and Statistical Considerations [J]. Journal of Personality and Social Psychology, 1986, 51 (6): 1173-1182.

[82] Bernanke B. S. , Blinder A. S. Is it Money or Credit, or Both, or Either? [J]. American Economic Review, 1988 (78): 435-439.

[83] Bernanke B. S. , Gertler M. Inside the Black Box: The Credit Channel of Monetary Policy Transmission [J]. Journal of Economic Perspectives, 1995, 9 (4): 27-48.

[84] Blanchard O. , Dell Ariccia G. , Mauro P. Rethinking Macroeconomic Policy [J]. Journal of Money, Credit and Banking, 2010 (42): 199-215.

[85] Borio C. , Zhu H. Capital Regulation, Risk-taking and Monetary Policy: A Missing Link in the Transmission Mechanism? [J]. Journal of Financial Stability, 2012, 8 (4): 236-251.

[86] Boubakri N. , Cosset J. C. , Saffar W. The Role of State and Foreign Owners in Corporate Risk-taking: Evidence from Privatization [J]. Journal of Financial Economics, 2013, 108 (3): 641-658.

[87] Canning J. B. The Economics of Accountancy: A Critical Analysis of Accounting Theory [M]. New York: The Ronald Press Company, 1929.

[88] Chen C. , Mark Kohlbeck, Terry Warfield. Timeliness of Impairment Recognition: Evidence from the Initial Adoption of SFAS 142 [J]. Advances in Accounting, 2008, 24 (1): 72-81.

[89] Chui M. , Domanski D. , Kugler P. , et al. The Collapse of International Bank Finance during the Crisis: Evidence from Syndicated Loan Markets [J]. BIS Quarterly Review, 2010 (9): 39-49.

[90] Coleman J. S. Social Capital in the Creation of Human Capital [J]. American Journal of Sociology, 1988 (94): 95-120.

[91] Dechow P. M. , Skinner D. J. Earnings Management: Reconciling the

Views of Accounting Academics, Practitioners, and Regulators [J]. Accounting Horizons, 2000, 14 (2): 235-250.

[92] Degeorge F., Patel J., Zeckhauser R. Earnings Management to Exceed Thresholds [J]. The Journal of Business, 1999, 72 (1): 1-33.

[93] Donaldson G. Managing Corporate Wealth [M]. New York: Praeger, 1984.

[94] Edward I. Altman. Financial Ratios, Discriminant Analysis and the Prediction of Corporate Bankruptcy [J]. The Journal of Finance, 1968, 23 (4): 589-609.

[95] Faccio M., Marchica M. T., Mura R. Large Shareholder Diversification and Corporate Risk - taking [J]. Review of Financial Studies, 2011, 24 (11): 3601-3641.

[96] Firth M. Corporate Takeovers, Stockholder Returns and Executive Rewards [J]. Managerial and Decision Economics, 1991, 12 (6): 421-428.

[97] Guner A. B., Malmendier U., Tate G. Financial Expertise of Directors [J]. Journal of Financial Economics, 2008, 88 (2): 323-354.

[98] Haynes J. Risk as an Economic Factor [J]. The Quarterly Journal of Economics, 1895, 9 (4): 409-449.

[99] Hendriksen. Accounting Theory [M]. Homewood Illinios: Richard Irwin Inc., 1982: 25-24.

[100] Hillman A. J., Withers M. C., Collins B. J. Resource Dependence Theory: A Review [J]. Journal of Management, 2009, 35 (6): 1404-1427.

[101] Isabel Abinzano, Ana Gonzalez-Urteaga, Luis Muga, et al. Performance of Default-Risk Measures: The Sample Matters [J]. Journal of Banking & Finance, 2020 (120): 105959.

[102] Jennings R., Leclere M., Thompson R. B. Goodwill Amortization and the Usefulness of Earnings [J]. Financial Analysts Journal, 2001, 57 (5): 20-28.

[103] Jensen M. C. Agency Costs of Free Cash Flow, Corporate Finance, and Takeovers [J]. The American Economic Review, 1986, 76 (2): 323-329.

[104] Jensen M. C. , Meckling W. H. Theory of the Firm: Managerial Behavior, Agency Costs and Ownership Structure [J]. Journal of Financial Economics, 1976 (3): 305-360.

[105] Jiang F. , Kim K. A. , Nofsinger J. R. , et al. Product Market Competition and Corporate Investment: Evidence from China [J]. Journal of Corporate Finance, 2015 (35): 196-210.

[106] Kaplan S. , Zingales L. Do Financing Constraints Explain Why Investment is Correlated with Cash Flow? [J]. Quarterly Journal of Economics, 1997 (112): 168-216.

[107] Kim S. , Lee C. , Yoon S. W. Goodwill Accounting and Asymmetric Timeliness of Earnings [J]. Review of Accounting and Finance, 2013, 12 (2): 112-129.

[108] Knight F. H. Risk, Uncertainty and Profit [M]. Boston: Houghton Mifflin Company, 1921.

[109] Krugman P. R. Technology, Trade and Factor Prices [J]. Journal of International Economics, 2000, 50 (1): 51-71.

[110] Chauvir K. W. , Hirschey M. Goodwill, Profitability, and the Market Value of the Firm [J]. Journal of Accounting and Public Policy, 1994, 13 (2): 159-180.

[111] La Porta, Rafael, Florencio Lopez-de-Silanes, Andrei Shleifer. Corporate Ownership around the World [J]. The Journal of Finance, 1999 (2): 471-517.

[112] Leake F. D. Goodwill: Its Nature and How to Value it [J]. The Accountant, 1914, 27 (3): 81-90.

[113] Li Z. , Shroff R. K. , Venkataraman R. , et al. Causes and Consequences of Goodwill Impairment Losses [J]. Review of Accounting Studies, 2011, 16 (4): 745-773.

[114] Lumpkin G. T. , Dess G. G. Clarifying the Entrepreneurial Orientation Construct and Linking it to Performance [J]. Academy of Management Review, 1996, 21 (1): 135-172.

[115] Miller M. C. Goodwill-an Aggregation Issue [J]. The Accounting Review, 1973, 48 (2): 280-291.

[116] Myers S. C. , Majluf N. S. Corporate Financing Decisions When Firms Have Information Investors Do Not Have [J]. Social Science Electronic Publishing, 1984, 13 (2): 187-221.

[117] Olivier Coibion, Yuriy Gorodnichenko, Lorenz Kueng, et al. Innocent Bystanders? Monetary Policy and Inequality [J]. Journal of Monetary Economics, 2017 (88): 70-89.

[118] Oradi J. , Asiaei K. , Rezaee Z. CEO Financial Background and Internal Control Weaknesses [J]. Corporate Governance: An International Review, 2020, 28 (2): 119-140.

[119] Ramanna K. The Implications of Unverifiable Fair-value Accounting: Evidence from the Political Economy of Goodwill Accounting [J]. Journal of Accounting and Economics, 2008, 45 (2-3): 253-281.

[120] Richardson S. Over-investment of Free Cash Flow [J]. Review of Accounting Studies, 2006 (11): 159-189.

[121] Sirower M. L. The Synergy Trap: How Companies Lose the Acquisition Game [EB/OL]. https://api. semanticscholar. org/CourpusID: 16646636.

[122] Slusky A. R. , Caves R. E. Synergy, Agency, and the Determinants of Premia Paid in Mergers [J]. The Journal of Industrial Economics, 1991, 39 (3): 277-296.

[123] Sun R. Monetary Policy Announcements and Market Interest Rates' Response: Evidence from China [J]. Journal of Banking & Finance, 2020 (113): 105766.

[124] Taylor J. B. Discretion Versus Policy Rules in Practice [J]. Carnegie-Rochester Conference Series on Public Policy, 1993 (39): 195-214.

[125] Uddin M. , Boateng A. Explaining the Trends in the UK Cross-Border Mergers & Acquisitions: An Analysis of Macro-Economic Factors [J]. International Business Review, 2011, 20 (5): 547-556.

［126］Wen H., Moehrle S. R. Accounting for Goodwill: An Academic Literature Review and Analysis to Inform the Debate ［J］. Research in Accounting Regulation, 2016, 28（1）: 11-21.